国 家 文 物 局

主 编

中 国
重要考古发现

文物出版社

2023 · 5

图书在版编目（CIP）数据

2022 中国重要考古发现 ／ 国家文物局主编 ． —— 北京：
文物出版社，2023.5
ISBN 978-7-5010-8044-1

Ⅰ．① 2… Ⅱ．①国… Ⅲ．①考古发现−中国−
2022 Ⅳ．① K87

中国国家版本馆 CIP 数据核字 (2023) 第 080623 号

2022 中国重要考古发现

主　　编：国家文物局

责任编辑：戴　茜
　　　　　吴　然

英文翻译：潘　攀

书籍设计：特木热

责任印制：张　丽

出版发行：文物出版社

社　　址：北京市东城区东直门内北小街 2 号楼

邮　　编：100007

网　　址：http://www.wenwu.com

经　　销：新华书店

印　　刷：北京荣宝艺品印刷有限公司

开　　本：787mm×1092mm 1/16

印　　张：13

版　　次：2023 年 5 月第 1 版

印　　次：2023 年 5 月第 1 次印刷

书　　号：ISBN 978-7-5010-8044-1

定　　价：98.00 元

*National Cultural
Heritage Administration*

MAJOR ARCHAEOLOGICAL
DISCOVERIES IN

CHINA

Cultural Relics Press

Beijing 2023

编辑委员会

协作单位

国家文物局考古研究中心

中国国家博物馆

中国社会科学院考古研究所

北京市考古研究院

大同市考古研究所

内蒙古文物考古研究院

辽宁省文物考古研究院

黑龙江省文物考古研究所

浙江省文物考古研究所

杭州市文物考古研究所

安徽省文物考古研究所

江西省文物考古研究院

山东省文物考古研究院

济南市考古研究院

河南省文物考古研究院

洛阳市考古研究院

湖北省文物考古研究院

湖南省文物考古研究院

广西文物保护与考古研究所

成都文物考古研究院

云南省文物考古研究所

西藏文物保护研究所

陕西省考古研究院

西安市文物保护考古研究院

西北大学

宁夏文物考古研究所

目 录 CONTENTS

前 言 PREFACE

2022 年，党的二十大胜利召开，全国人民欢欣鼓舞，倍感振奋。二十大报告指出要"推进文化自信自强，铸就社会主义文化新辉煌"，为社会主义文化强国建设进一步指明了前进方向，也为文物工作提供了重要遵循。5 月 27 日，习近平总书记在主持中共中央政治局第三十九次集体学习时强调，要把中国文明历史研究引向深入，增强历史自觉、坚定文化自信。10 月 28 日，习近平总书记考察殷墟遗址时强调，中华优秀传统文化是我们党创新理论的"根"，我们推进马克思主义中国化、时代化的根本途径是"两个结合"。2022 年是中国考古学新百年征程的起点，考古发现成果斐然，多项研究引人注目，全国考古工作者汲取奋进力量，稳步推动各项工作。

旧石器时代考古深化拓展，泥河湾盆地、川西高原、青藏高原、黄土高原、长白山地区等多个区域考古时空框架和文化发展序列不断完善。湖北十堰学堂梁子遗址继 1989 年、1990 年发现两枚人类头骨化石后再获硕果，发现了距今约 100 万年的"郧县人"3 号头骨化石，是迄今欧亚内陆发现的同时代保存最为完好的古人类头骨化石，为探讨东亚直立人来源、演化模式及与智人关系等重大课题提供了关键证据，是我国百万年人类史研究的实证。

万年文化史再添例证，中华文明起源与发展研究持续走向深入。山东临淄赵家徐姚遗址发现了距今约 1.32 万年的陶片标本 200 余件和大范围红烧土堆积，是中国北方地区出土陶片年代最早的遗址之一，对于深入理解新石器时代早期中国北方社会组织形态和人类生业模式有重要的学术价值。辽宁建平马鞍桥山遗址揭露一处红山文化早期祭祀活动场所，安徽含山凌家滩遗址发现以红烧土遗迹为代表的大型高等级公共建筑，揭示了早期人类仪式性活动与社会等级分化。

在聚落考古理念引领下，夏商周都邑和方国城址考古收获颇丰。河南安阳殷墟商王陵区发现了围绕商王陵园的围壕，突破了以往对商王陵布局的认识。

山西绛县西吴壁遗址商代墓地的发现，丰富了遗址内涵，为探讨晋南地区商代人群构成、商王朝国家形态与统治模式等提供了直接证据。陕西旬邑西头发现西周城址和高等级墓群，为探寻"豳"地所在提供了研究基点，也为周文明起源与早期发展研究带来了新的研究契机。四川盐源老龙头墓地的持续性工作建立了当地商代晚期至西汉时期的年代框架和文化序列，充分展现西南地区民族和人群交流融合的复杂程度，展现了早期王朝阶段的多元一体格局。

历史时期城市考古不断涌现出新材料。隋唐长安城朱雀大街五桥并列遗址的发掘，揭示隋唐长安城街道、里坊的形制布局、渠道的开凿与走向、桥梁的设置与结构，进一步丰富了学界对于隋唐时期城市营建和格局演变的认识。河南开封州桥及附近汴河遗址是北宋东京城的重要组成部分，为探讨古代桥梁建筑技术以及大运河文化史提供了基础材料。陕西咸阳洪渎原布里墓地发现一座十六国大墓，随葬陶俑组合完整，形象生动，反映了关中地区十六国丧葬礼乐特色。

边疆考古频现亮点，实证统一多民族国家发展进程。新疆呼斯塔遗址核心区墓地的发掘，对理解西天山乃至欧亚草原东部地区的同类文化遗存具有重要意义。西藏温江多遗址是吐蕃时期重要的政治与佛教中心，也见证了"丝绸之路"南亚廊道上多民族交往、交流、交融的历史。云南河泊所遗址出土 1 万余枚简牍、封泥，是汉代中央政权在西南边疆有效治理的直接证据。

海上丝绸之路考古取得重要进展。温州朔门古港遗址揭露出一套宋元时期古城、古港、航道的完整体系，填补了以往工作中缺乏港口遗址的空白。长江口二号沉船成功整体打捞提取，进入实验室考古阶段，是长江黄金水道航运史的重要实物资料，更是近代上海作为东亚乃至世界贸易网络重要节点的历史见证。

本书是中国考古在迈向新百年征程上取得辉煌成果的缩影，凝结了考古工作者的智慧与辛劳。接续奋斗，继往开来，我们将牢记使命感与责任感，为建设中国特色、中国风格、中国气派的考古学，实现中华民族的伟大复兴而不懈努力！

湖北十堰学堂梁子遗址
2021 ～ 2022 年发掘收获

EXCAVATION RESULTS OF THE XUETANGLIANGZI SITE IN SHIYAN, HUBEI IN 2021-2022

学堂梁子遗址位于湖北省十堰市郧阳区青曲镇弥陀寺村，地处汉江北岸、曲远河口西侧。遗址东北距青曲镇约 10 公里，东距郧阳区约 40 公里，地理坐标为北纬 32°50′30″，东经 110°35′131″，海拔 160 ～ 287 米。1989 年 5 月 18 日，第二次全国文物普查时在该遗址发现了直立人（即"郧县人"）1 号头骨化石，湖北省文物考古研究所随即对遗址开展了 5 次考古发掘，发现"郧县人"2 号头骨化石、丰富的动物化石以及石制品，确认该遗址为一处集古人类化石、古动物化石和石制品三位一体的旧石器时代遗址。遗址面积约190 万平方米，主体为汉江北岸的第四级基座阶地。阶地上保留有厚层的第四纪堆积，多数部位厚逾 8 米，局部厚逾 18 米，保存了 100 多万年来不同时期的地层堆积。2001 年，该遗址被国务院公布为第五批全国重点文物保护单位。

2021 年起，为解决早期发掘与研究遗留的有关"郧县人"确切的体质形态、生存时代和遗址性质等学术问题，并为建设考古遗址公园、活化历史场景创造条件，经国家文物局批准，湖北省文物考古研究院联合中国科学院古脊椎动物与古人类研究所、武汉大学等单位，组成多学科交叉的考古团队，对该遗址开展新一轮考古发掘与研究。考古团队引进了考古发掘数字管理平台、ArcGIS 系统和国际通用的最新旧石器时代遗址发掘与记录方法，对遗址进行地点和发掘区的划分，纳入新的布方与测控系统。

发掘区分为 A、B、C、D、E 五区，A、B 区为遗址核心区，其中 A 区为 1989、1990 年出土"郧县人"1、2 号头骨化石的区域。本次发掘在 B 区布设探方 203 个，发掘面积 203 平方米，截至目前共揭露 3 个自然层，深 0.35 ～ 0.65 米。在 B 区发

遗址发掘分区图
Diagram of the Division of Excavation Area

图例说明：
A: 1990-1995年
B: 2021、2022年
C: 2021、2022年
D: 2007年
E: 2021、2022年

现"郧县人"3号头骨化石，保存完好，形态清晰，具有直立人的体质特征。3号头骨化石形态基本正常，没有发生明显变形，在很大程度上弥补了1、2号头骨化石变形的缺憾。考古团队对埋藏头骨化石的区域进行扩方发掘，把1平方米的探方进一步划分为4个亚方，以每0.02米为一个操作层进行精细发掘。围绕人类化石和其他遗存，系统采集了1400多份用于年代、环境、埋藏、残留物和分子生物学分析等多学科研究的沉积样品，并进行了数字化3D建模和高分辨率实景三维建模。

此外，B区还出土了丰富的石制品和哺乳动物化石。石制品主要为石核、石片和少量有二次加工痕迹的石器，另有部分古人类搬运至遗址的石料。哺乳动物化石呈杂乱块状或条带状聚集分布，部分骨骼化石保留了原始连接状态，表明这些化石被原地埋藏或未经过长距离搬动。动物种类有猴、虎、鬣狗、剑齿象、犀牛、野猪、小猪、貘、鹿、牛等，总体属于早更新世晚期森林型动物群。

发掘揭示的人类化石空间位置、埋藏情况和沉积物信息以及地层对比分析皆表明，"郧县人"3号头骨化石与1、2号头骨化石位于同一套地层中，地貌位置、地层序列和伴生的哺乳动物化石显示

人类化石埋藏于早—中更新世地层中，测年结果为距今约100万年，新的取样和多方法测年将会得出更精确的年代数据。

"郧县人"3号头骨化石是迄今欧亚内陆发现的同时代保存最为完好的古人类头骨化石，保留该阶段人类重要而稀缺的解剖学特征。该化石处在古人类近200万年演化历程的中间和关键环节上，为探讨东亚古人类演化模式、东亚直立人来源、东亚直立人与智人演化关系等重大课题提供了翔实而关键的化石及文化证据。本次发掘的收获为实证中华大地百万年的人类演化史，讲好东方人类故乡先民演化和文化发展的故事，提供了关键节点的重要依据与信息。

学堂梁子遗址所在的汉江中上游河谷，是世界重要的人类演化圣地。在湖北省境内已经发现了约100万年前的郧县直立人、约99万年前的梅铺直立人、约50万年前的白龙洞直立人、约10万年前的黄龙洞早期现代人以及更新世早中晚化石动物群和150余处旧石器时代各时段的考古遗址，其遗存之丰富、内涵之全面世所罕见，是我国百万年人类演化史的实证之地，堪称人类演化廊道。

（供稿：陆成秋）

3

B 区发掘现场
Excavation Area B

"郧县人" 3 号头骨化石
Skull Fossil No.3 of Yunxian Man

B 区动物化石出土情况
Animal Fossils in Situ in the Area B

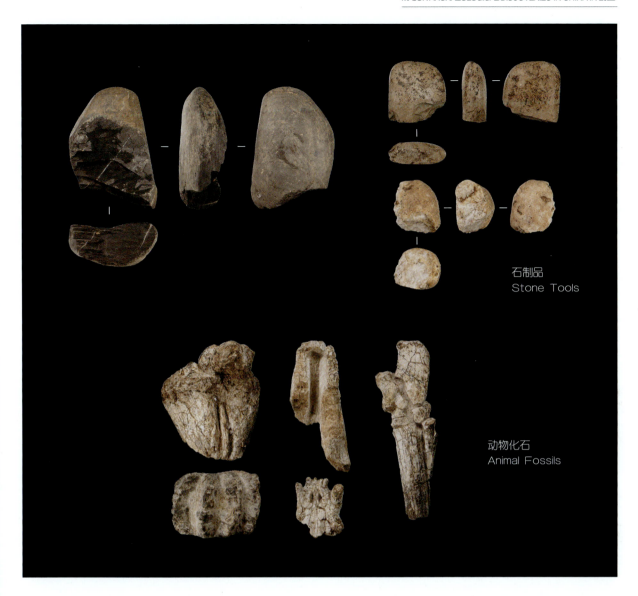

石制品
Stone Tools

动物化石
Animal Fossils

The Xuetangliangzi Site is located in Yunyang District, Shiyan City, Hubei Province, on the north bank of the Han River and the west side of the Quyuan Estuary. The site ranges about 1.9 million sq m, where preserved stratigraphic accumulations of different periods in the course of over 1 million years. It is a Paleolithic site incorporating early human fossils, animal fossils, and stone tools. Since 2021, the Hubei Provincial Institute of Cultural Relics and Archeology and others have excavated the site and found the third skull fossil (No.3) of Yunxian Man, which is a new gain after the discoveries of skull fossils No.1 and No. 2 of Yunxian Man in 1989 and 1990. Skull fossil No. 3 is well-preserved with a clear shape, demonstrating physical characteristics of Homo erectus, and has been found in the Early-Middle Pleistocene strata as the skull fossils No. 1 and No. 2. The skull fossil No.3 of Yunxian Man is the best-preserved human skull fossil in the corresponding period found in inland Eurasian, providing physical evidence for exploring the evolutionary model of archaic humans, the origin of Homo erectus, as well as the evolutionary relationship between Homo erectus and Homo sapiens in East Asia.

辽宁建平马鞍桥山
新石器时代遗址

THE MA'ANQIAOSHAN NEOLITHIC SITE IN JIANPING, LIAONING

马鞍桥山遗址位于辽宁省朝阳市建平县太平庄镇石台沟村西南约800米的小山梁上，山梁俗称"马鞍桥"。遗址南距牛河梁遗址约60公里，西北距赤峰红山后遗址约60公里，中心地理坐标为北纬41°51′21.34″，东经119°21′27.80″，海拔583米。遗址所在山梁整体地势较低矮、宽阔、平缓，西面即为老哈河河谷地带，属于辽宁西部地区较典型的低山丘陵地貌，遗址总面积约18万平方米。

辽西地区是新石器时代考古学文化的一个重要的分布区域，尤其是以牛河梁遗址和东山嘴遗址为代表的红山文化晚期的大型建筑址、祭祀遗址和高等级墓葬群的发现，使该区域被公认为红山文化分布的核心区，也是探寻中华文明起源的重点区域。2016～2020年，辽宁省文物考古研究院对该区域开展了有关红山文化遗存的专项考古工作，在调查中发现马鞍桥山遗址，并于2019～2022年对其进行了连续发掘工作。2021年11月，马鞍桥山遗址被纳入国家文物局"考古中国：红山社会文明化进程研究"重大课题。

2019～2020年发掘区属于居住址区，遗迹有房址、灰坑和壕沟（聚落东环壕）；2021～2022年发掘区为祭祀活动区，遗迹有大型垫土台、燎祭遗迹和祭祀坑等。

房址共11座，均为半地穴式（F11仅存灶址），根据其形制大小和功能可分为两类。一类是大型房址，共5座，面积15～30平方米，为先民居住的房屋。房址平面呈圆角长方形，直壁或斜直壁，室内活动面多铺垫一层厚约0.05米、含有大量白色小石子的垫土，垫土较平整、坚硬，地面靠墙壁处有成排的柱洞。门道呈斜坡状，均位于东侧。在室内正对门道位置有一个深坑式灶址，

F1

House Foundation F1

F1 陶器及人骨出土情况

Potteries and Human Bones in the House Foundation F1 in Situ

F1 内灶

Stove in the House Foundation F1

平面呈圆角三角形，直壁或斜直壁，灶壁和灶底抹一层泥，个别灶内有二次改造使用抹两层泥的灶底。室内堆积不分层，仅活动面踩踏较明显，其上所有堆积均可分为一层，遗物多出土于室内活动面上，以陶器为主，另有少量石器、骨器、贝壳和动物骨骼等。该类房址最特别的是在室内活动面上放置（埋葬？）人骨，如在 F1 活动面上和灶址内放置了两具人骨，均为二次捡骨，叠放在一起，并和完整陶器相叠压；在 F5 活动面上发现一具头骨和几段散乱的肢骨。另一类是小型房址，共 6 座，面积 2 ~ 8 平方米。房址平面近圆角方形，没有门道和灶址，地面保存较好，铺垫一层含有白色小石子的垫土，较坚硬，地面四周各有数量不等的柱洞，出土遗物较少。该类房址面积较小，无取暖设施，并紧邻大型房址分布，推测其应为大型房址的附属建筑，作为仓储之用。

灰坑共 46 个，多集中分布在房址周围。坑口平面呈圆形、椭圆形、长方形、方形及不规则形等。坑壁为直壁或斜直壁，坑底多为平底。多数灰坑内堆积为一层，出土遗物较少，多为零星碎陶片和细石器等。个别较深灰坑内堆积可分为多层，

出土遗物较丰富，可复原器物较多。

目前已对东壕、北壕、西壕北段等局部进行了发掘，结合考古勘探情况可知，东、西壕为直壕，南、北壕为圆弧壕。在 T2439 内未发现壕沟迹象，推测该处应为出入口或门道。沟体整体形状规整，上口宽大，底部窄小，斜直壁，平底。其内堆积多为黑褐土堆积，个别区域为黄褐色五花土堆积，堆积情况各段略有不同，出土遗物较丰富。

祭祀活动区位于遗址最北部，依托一座小山包经过精心规划和设计营建而成。对小山包的东、西、北三面山坡进行修整，形成三层逐级内收抬升的大阶梯状祭祀场所。阶梯边缘呈斜坡状，第三阶梯形制最为规整，平面呈长方形，方向与山脊同向，为北偏东 14°，南北长约 180、东西宽约 60 米。第一、二阶梯形制不规整，仅西边缘为直墙，两级阶梯近平行，方向为北偏东 24°，西南、西北转角均保存完好。在南部山梁鞍脊最低处，则是与聚落址相连的通道，在该处经两次堆积形成一座大型垫土台，使得鞍脊与南北两侧山脊相平齐，形成一个便于活动的大平台。

在祭祀区内发现了燎祭遗迹和祭祀坑。燎祭

遗迹均经长时间火烧，其内堆积为红烧土块、草木灰和木炭，不见遗物。祭祀坑内遗物以陶、石器为主，还有少量动物骨骼和贝类等祭祀品。在大型祭祀坑（JK1）中出土了完整陶器23件以及整套与农业生产相关的斧、耜、刀、磨盘和磨棒等石器，其中一件石耜上涂有红色颜料。坑南部出土大量疑似泥塑的红烧土块堆积。

遗址出土遗物以陶器和石器为主，另见少量骨器、角器、贝器、玉器、动物骨骼和贝壳类遗物。陶器分为夹砂陶和泥质陶两大类，夹砂陶略多于泥质陶。夹砂陶器以黑褐陶和红褐陶为主，胎体多厚重，胎体内砂粒大小较均匀。器形以筒形罐为主，另有斜口器、盆、碗、杯、器盖、板状器、塑像和人面像等。器内壁面光滑，外壁面较粗糙，纹饰有"之"字纹、直线纹、复线勾连纹、凹点纹、弦纹

F9
House Foundation F9

H9
Ash Pit H9

祭祀坑 JK1 器物出土情况
Objects in Situ in the Sacrificial Pit JK1

祭祀坑 JK1
Sacrificial Pit JK1

祭祀坑 H47
Sacrificial Pit H47

G4 与祭祀坑 H86
Trench G4 and Sacrificial Pit H86

燎祭遗迹 H78
Burning Ritual Remains H78

和篦点"之"字纹、附加堆纹等，器底多饰篮纹和席纹。泥质陶以红陶和灰陶为主，器形主要为钵和壶，还有少量盆和器座。以素面为主，少量为彩陶器，纹饰有黑色平行线纹、平行斜线纹和勾连纹等，多饰在钵、盆口沿和器座腹部。陶壶除饰有彩绘外，多在肩部饰"之"字纹和篦点"之"字纹。石器分为磨制石器和细石器，数量较多，多残破，完整器较少。以磨制石器为主，器形有斧、锛、刀、锤、锄、铲、耜、磨盘、磨棒、沟槽器、有孔石器等。细石器有石核、石叶、刮削器、尖状器、钻、镞等。出土一件小型石雕人像，双膝跪姿，双手扶于腿上，整体镂空雕刻，细致入微。

马鞍桥山遗址是辽宁省目前已发掘面积最大的新石器时代聚落址，其与西水泉、西台、魏家窝铺和小东山等遗址文化面貌相近，年代为红山文化早期阶段。根据 F1 和 F5 内的人骨 ^{14}C 测年数据可知，绝对年代为距今 6400 ～ 6000 年。根据 H30 出土遗物特征，确认该遗址还有早于红山文化的兴隆洼文化遗存，说明该遗址延续使用时间较长，文化内涵非常丰富，为进一步探讨红山文化的源流问题等提供了实物证据。红山文化早期聚落整体保存完好，居住址区经过精心规划和布局，对于研究红山文化居住址的分布及布局规律有重要价值。大型祭祀活动场所是首次在红山文化聚落址内发现的独立、大型的祭祀性遗迹，填补了红山文化低等级祭祀遗存的空白，说明马鞍桥山遗址是一处兼具生活与祭祀等功能于一体的聚落址，对探究红山文化祭祀制度、红山社会等级分层及红山聚落区域分化具有重要意义。

（供稿：樊圣英）

红烧土遗迹西部（上为西）
The Western Part of the Burned Soil Remains (Top is West)

红烧土西侧土台（上为东）
The Earthen Platform on the
West Side of the Burned Soil
(Top is East)

黄土台上的烧土坑
Burned Soil Pit on the Loess Platform

陶器出土情况
Potteries in Situ

祭祀坑（上为东）
Sacrificial Pit (Top is East)

260 余件，其中石器 140 余件、玉器 70 余件、陶器 40 余件。

　　石器多残碎，多数可以拼合，并有少量完整器。器形以钺为主，拼合完整钺 60 余件，另有少量锛。其中一件石钺长 38.3 厘米，为凌家滩遗址目前发现体量最大者。玉器多为残碎小型饰品。

器形以玦为主，另有少量钺、管、珠、璜、镯、配饰等。见有少量新器形，如齿轮形器、椭圆形牌饰、梳形器等。其中一件宽体玉璜，外径 23.6 厘米，为凌家滩遗址目前发现最大者。玉龙首形器造型奇特，一端阴刻成猪龙首形，略上翘，另一端为尖锥形，为中国史前考古中发现的新器类。

陶器以泥质红陶为主，少量为夹砂红陶和白陶。器形有杯、鬶、鼎、豆、壶、罐、大口尊等。

祭祀坑底部是一个红烧土坑，平面呈圆角长方形，向北延伸至发掘区外，宽 7.5～11、深 0.95 米。祭祀坑和红烧土坑的西侧外围是一处石头遗迹，由大小不等的石子铺垫组成，掺杂胶黏状膏泥。整体呈半环形环绕祭祀坑，宽约 10、厚 0.4～0.9 米。红烧土坑底部亦散落有少量中小型石块。石头遗迹向西延伸至岗地西侧平地，延伸部分呈长条形分布，可能为通往墓葬祭祀区的道路。

外壕位于凌家滩岗地北端北侧，紧邻岗地。本次发掘面积 739 平方米。发掘显示外壕口宽 45、底宽 25、深 2、岗地与外壕落差 6～9 米。壕内堆积分为 6 层，底部有厚 0.2～0.5 米的凌家滩文化晚期陶片层。外壕具有防御、蓄水及倾倒垃圾的功能。

凌家滩祭祀遗存的发现，深化了对墓葬祭祀区布局的认识，为研究、复原当时的祭祀场景提供了资料。祭祀坑内 200 余件器物的出土，丰富了凌家滩遗址陶器、玉器的种类，其中石钺、玉璜、玉龙首形器等特殊器物，对研究中国史前用玉制度及对历史时期礼制的影响具有重大意义。以大型红烧土遗迹为代表的大型高等级公共建筑的发现，证明了凌家滩遗址存在超大型高等级的公共礼仪建筑，存在明确的祭祀功能，为大型墓葬、精美玉器的存在寻找到了相匹配的高等级生活遗存。

（供稿：张小雷）

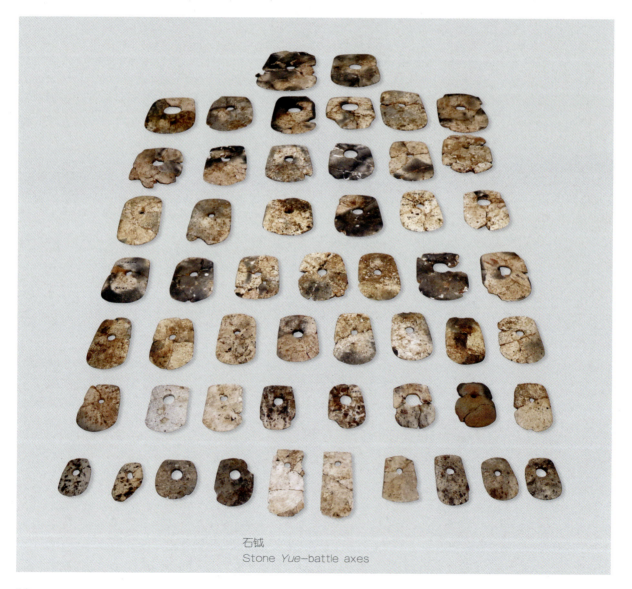

石钺
Stone *Yue*–battle axes

大型石钺
Large Stone *Yue*-battle axe

大型玉璜
Large Jade *Huang* Semi-disc

玉龙首形器
Jade in the Shape of a Dragon Head

玉齿轮形器
Gear-shaped Jade

玉梳形器
Comb-shaped Jade

玉锛形器
Adze-shaped Jade

玉牌形饰
Plaque-shaped Jade Ornament

陶鬶
Pottery *Gui*-pitchers

The Lingjiatan Site is located in Tongzha Town, Hanshan County, Ma'anshan City, Anhui Province. Discovered in 1985, it is a main settlement site of the Neolithic Age dating back 5,800 to 5,300 years, with a total area of about 1.6 million sq m. From 2020 to 2022, the Anhui Provincial Institute of Cultural Relics and Archaeology excavated the large-scale burned soil remains, the west side of the cemetery, and the northern section of the outer moat. Among over 400 pieces of unearthed artifacts, most were discovered in sacrificial pit, including stone tools, jades, and some potteries. A 38.3 cm long stone *yue*-battle axe and a jade *huang* Semi-disc with an outer diameter of 23.6 cm are the largest artifacts found at Lingjiatan Site; also found new types of artifacts like the jade in the shape of a dragon head. The excavation confirmed the existence of super-large and high-level public ritual architecture at Lingjiatan Site, functioning as the sacrificial space, which offered information for the study and restoration of the sacrificial scene of the time.

山东临淄
赵家徐姚遗址

ZHAOJIAXUYAO SITE IN LINZI, SHANDONG

赵家徐姚遗址位于山东省淄博市临淄区晏婴路以南，庄岳路以东。遗址北距齐国故城约5公里，东距后李遗址约4.2公里，南距淄河约1.2公里。为配合基本建设，山东省文物考古研究院在本区域清理汉代墓地时发现该遗址。

赵家徐姚遗址所在的临淄区属于从鲁中泰沂山地向鲁北冲积平原的过渡地带的冲积扇前缘，遗址剖面揭露了冲积扇上目前最为完整的地层序列。序列自下而上分为三个阶段：冲、洪积平原发育锈斑的黄土状沉积物，粉砂、黏土互层的扇缘洪泛韵律沉积，以及顶部发育的古土壤。表明此处经历了冲积扇持续加积发育的过程，并在淄河下切后，开始向稳定的冲积扇台地转变。测年结果显示，洪泛韵律层发育的起始年代距今约1.5万年，与北半球末次冰盛期以来博林暖期的出现时间相对应，鲁北山麓地带的河流亦普遍发育深

切于晚更新世冲积扇扇体的河谷。

第⑩层发现的新石器时代早期遗存是本次发掘最主要的收获。遗址核心区域平面近圆形，两侧有水流活动冲刷形成的浅沟，面积约400平方米。清理火塘3处，出土各类遗物1000余件。遗物以动物骨骼为主，其次为陶片、陶塑，另有少量石制品、蚌壳制品。

动物骨骼500余件，可以鉴定到种属或骨骼部位的332件，包括环颈雉、梅花鹿、狍子、鼢鼠、貉等，以鸟类和鹿类动物为主。鸟类主要为环颈雉，共179件。鸟类肢骨大部分保留骨干部位，关节保存较差，亦发现了鸟类的胸骨等躯干部位。鹿类动物61件，有大型鹿、中型鹿（梅花鹿）和小型鹿三种，大型鹿均为未成年个体。未发现鹿科动物的下颌和游离齿，说明鹿科动物可能是被屠宰后运至此处。少量哺乳动物和鸟类骨骼表面

淄　河

墓葬发掘区

出土早期遗物区域

地层剖面图
Stratigraphic Profile

遗物分布情况
Artifacts Distribution

遗物分布情况
Artifacts Distribution

存在切割痕和自然原因产生的刮擦痕、穿刺痕以及化学腐蚀痕迹。说明古人类的肉食以鸟类和鹿类为主，环颈雉占据重要地位。

陶片 200 余件，包括可复原陶器 2 件。陶片均为夹炭红陶，胎土夹植物茎秆，两侧抹泥，外壁磨光。可辨部位有口沿、腹部、圜底，初步判断为圜底盆形器。口沿 21 件，分为方唇、圆唇、花边口沿；近底陶片 14 件；穿孔陶片 5 件，穿孔内壁较平整，体现出较高的工艺水平。陶塑 100 余件，质地细腻，经过烧制，火候一般。陶塑形状各异，造型较为随意。陶器整体厚度相对均匀，器形规整，表明制陶工艺已相对成熟。

石制品 50 余件，石料以石灰岩为主，少量为石英，不见细石器工艺。多以权宜性工具为主，个别工具上见有砸击等使用痕迹。

蚌壳制品 25 件，其中穿孔蚌器 1 件，部分蚌壳上见有切割、磨损痕迹。

在第⑧～⑬层发现成片分布的烧土堆积，主要包括多处燃烧的树桩坑及树干堆积。共发掘树坑堆积 14 处、树干烧痕 6 处。树坑 H20 位于树干 H18 西南侧，直径约 0.8、深约 1.4 米。斜壁圜底，树坑底部见有钙化树根，坑内填土为黄褐色粉砂质淤积土。树干 H18 南北（树干长度）长约 7.8、东西宽（树干直径）0.52 ～ 0.72 米。H18 呈夹角较大的曲尺形，树干中段及南段呈西南—东北向，北段呈东南—西北向。树干整体经充分燃烧，坑壁及坑底形成红色烧结面，附着大量钙化物，局部掺杂有白色、灰色粉末状物质，坑内填土为黄褐色粉砂质淤积土。树坑 H20 与树干 H18 为成组遗迹，树坑 H20 向北倾倒形成 H18。

在发掘区东侧 K35 发现一处面积约 150 平方米、厚 0.05 ～ 0.45 米的烧土集中分布区域。此处烧土堆积分布密集，为坡状堆积，南高北低、中间厚、两端薄，局部凹凸不平。整体保存状况较好，西南部整体保存较为完整，西北侧被早期

红烧土堆积
Burned Soil Accumulation

用火遗迹
Fire-using Remains

树坑堆积 K7
Tree Pit Accumulation K7

河道打破，东北部被汉代墓葬打破。烧土堆积较厚的区域可分为三层，上层为红黄色烧土，掺杂灰白色灰烬；中层为黄色烧土；下层为黑灰色灰烬层。烧土中含有大量料姜石，在中层与下层交界处分布更为密集。

赵家徐姚遗址是山东乃至全国旧石器时代向新石器时代过渡时期的重大考古发现，具有重要的学术意义。本次发掘揭露了鲁北山前冲积扇最为完整的地层序列，通过对地层剖面的系统研究，初步建立了鲁北地区地层编年体系，为古环境复原提供了重要依据。遗址距今约 1.32 万年，年代关键，填补了山东地区史前考古学文化序列的空

树坑堆积 K9
Tree Pit Accumulation K9

树坑堆积 K11
Tree Pit Accumulation K11

树干堆积 K12
Tree Trunk Accumulation K12

白。遗址上承凤凰岭，下接扁扁洞，为认识中国北方地区尤其是山东地区旧、新石器过渡这一重大的历史变革提供了关键证据，为深入理解和研究万年文化发展史提供了重要材料。该遗址是中国北方地区出土陶片年代最早的遗址之一，也是东亚地区出土早期陶片数量最多的遗址之一，为研究早期陶器起源提供了新材料。遗址保存完整，性质明确，对于认识当时的社会组织形态和该阶段的人类生业模式有重要意义。

（供稿：赵益超 孙倩倩 饶宗岳 张海）

陶片
Pottery Sherds

陶片
Pottery Sherds

陶片微痕分析
Microscopic Use-wear Analysis of Pottery Sherds

动物骨骼
Animal Bones

陶片
Pottery Sherds

动物骨骼
Animal Bones

The Zhaojiaxuyao Site is located in Linzi District, Zibo City, Shandong Province. The Shandong Provincial Institute of Cultural Relics and Archeology discovered it when excavating a local cemetery of the Han Dynasty. The site is about 400 sq m, and the core area is nearly circular. Archaeologists uncovered three hearths and more than 1,000 objects - mainly animal bones, and then pottery sherds, pottery sculptures, and some stone and clamshell products. The site is about 13,200 years old, in the period of frequent climate fluctuations during the last glacial period in the late Pleistocene, thus filling the gap in the cultural sequence of prehistoric archaeology in Shandong area. It is one of the sites in northern China that found the earliest pottery sherds and one of the sites in East Asia that unearthed the largest quantity of early pottery sherds, providing new materials for studying the origin of early pottery. The site is well-preserved with explicit nature, placing great significance on understanding the social organization and mode of life in that period.

河南宜阳苏羊遗址
2022 年发掘收获

EXCAVATION RESULTS OF SUYANG SITE IN YIYANG, HENAN IN 2022

苏羊遗址位于河南省洛阳市宜阳县张坞镇苏羊村西部、下村南部，坐落于洛河南岸的二、三级阶地上，北邻洛河，南望熊耳山。遗址所在的洛河中游地区是洛阳盆地史前遗址分布最为密集的区域之一。遗址东西宽约970、南北长约1050米，总面积60余万平方米。2019年，遗址被列为全国重点文物保护单位，2020年，遗址被列入国家文物局"考古中国：中原地区文明化进程研究"重大项目。根据遗址的分布范围和文化特征将苏羊遗址分为苏羊区和下村区两个片区。苏羊区紧邻洛河，以仰韶文化为主，包含早、中、晚三个时期的遗存，发现了人工环壕、生活区、

F4
House Foundation F4

墓葬区、湖沼等重要遗迹。下村区位于苏羊区南部，以龙山文化为主，还有少量仰韶文化中、晚期遗存。在下村区外壕沟东侧发现一处龙山文化早期墓葬区，勘探发现墓葬300余座。墓葬西向，南北成排，呈现出一定的分布规律。

为明晰苏羊遗址的范围、功能分区、聚落形态、性质、文化面貌等情况，经国家文物局批准，2021年起，洛阳市考古研究院对苏羊遗址进行了连续性主动考古发掘。本次发掘面积1300平方米，发现仰韶和龙山两个时期的遗存，主要遗迹有仰韶时期人工环壕1条、房址42座、灰坑256个、灰沟14条、墓葬2座、瓮棺葬6座、多人二次埋葬坑1座等。

内环壕位于苏羊区西部，平面呈半环状，向西延伸至遗址西边界断崖处，整个环壕连同遗址西侧断崖将苏羊区西部围合成一个封闭的区域。发掘表明环壕为人工挖掘，形制较规整。从出土遗物和地层堆积看，环壕由早到晚分为三期。第一期属于仰韶文化早期晚段至中期早段，堆积以青灰色淤土为主。开口宽7.5、底宽2.3、深4.6米。出土大量陶片，器形主要为仰韶文化典型的葫芦口尖底瓶、双唇口尖底瓶、彩陶盆、彩陶钵等。

第二期属于仰韶文化中期晚段，在第一期基础上扩宽而成，开口宽17.2、底宽7.8、深4.7米。第三期属于仰韶文化晚期，开口宽15.4、底宽3、深2.4米。仰韶文化晚期的壕沟两侧存在多处房址和灰坑，出土大量生产、生活遗物，并发现可能是用于护沟的成排木柱遗存，表明此时壕沟已丧失防御功能，先民对废弃壕沟区域进行了再次利用。

房址年代为仰韶文化中、晚期，均呈西北—东南走向，保存较好。房址墙体和地面建造加工方式相同，墙体为木骨泥墙，部分残存墙体，墙内壁有光滑的青灰面，地面为经过细致加工的灰褐色"水泥面"，非常坚硬光滑。其中F4是一座仰韶文化中期地面式连间房址，平面近长方形。南北残长6.5、东西残宽4.6米。部分区域保留有墙体，西墙厚0.38～0.6、残高0.15～0.2米，北墙厚0.12～0.18、残高0.35米。西墙中部有一道与其近乎垂直的隔墙，残高0.27米，墙体上有多个柱洞。这组房址的建造方式、朝向基本一致，且分布大致处于一条线上，应经过专门规划。F4是唯一一座连间房址，不仅面积最大，而且房屋内地面、墙面处理甚为考究，屋外还有专门的保卫或仓储设施(F9)，表明F4应为这组房址的中心。

F4 内陶器出土情况
Potteries in Situ in the House Foundation F4

H31
Ash Pit H31

F7
House Foundation F7

环壕外侧西南部发现一处密集排列的墓葬分布区，初步判断为经过规划的成人墓地，其年代与环壕使用年代相当。清理仰韶时期墓葬 2 座，均为竖穴土坑墓，仰身直肢，头向南。M5 平面近圆角长方形，长 1.68、宽 0.3～0.38 米，头骨左侧放置一枚穿孔蚌饰。仰韶时期瓮棺葬 5 座，葬具为陶罐和陶钵，陶钵倒扣在陶罐口部，罐口

向上，垂直放置于埋葬坑中间。罐内发现有儿童骨骸。W1 内出土人骨保存较好，经初步鉴定分析是一具年龄约为 1 岁的儿童骨骸，人骨有病理特征。

清理仰韶文化早期多人二次埋葬坑 1 座，平面近椭圆形，坑边线不明显，最长径约 4.4 米。人骨放置零乱，无明显规律。坑东北角集中埋葬

F16
House Foundation F16

颅骨 27 个，整个坑内至少埋葬有颅骨 54 个。局部区域有肢骨密集分区的情况，说明埋葬人骨时曾按不同部位分别收集放置。初步判定人骨多为 40～50 岁的成年人，也有儿童，是白骨化之后的二次埋葬。该人骨坑的性质尚不明确，从现场发掘情况看，不排除暴力冲突的可能性。

发掘出土遗物数以万计，收集小件器物 3200 余件，包括陶器、石器、玉器、骨器、蚌器等。陶器有尖底瓶、罐、钵、盆、瓮、豆、鼎、铃、釜、杯等，其中包含一定数量的彩陶。石器主要有斧、铲、镞、钻、盘状器等，最重要的收获之一是出土一枚红山文化风格的兽首石雕。玉器有钺、璧、璜等。骨器主要有针、镞、簪、镖等。

此外，还发现龙山时期房址 1 座、灰坑 16 个、灰沟 2 条、墓葬 9 座。出土器物以陶器和石器为主。陶器有鼎、斝、罐、豆、高领瓮等，石器主要有斧、铲等。

苏羊遗址苏羊区是一处以仰韶文化为主体、拥有双重环壕的聚落型遗址。遗址东、西两侧以自然冲沟环绕，形成天然的外壕，遗址内部修建大型人工环壕，作为遗址的内环壕，双重环壕表明遗址等级可能较高，应为区域中心性聚落。遗址存续时间从仰韶文化早期至龙山文化晚期，文化序列从早到晚发展连续、稳定，文化谱系一脉相承。遗址同时含有大溪、屈家岭、红山、大汶口等诸多文化因素，见证了早期中国文化圈的形成和发展，是研究中原地区文明化进程和中华文明多元一体格局形成和发展的样本，对研究不同区域之间的文化交流碰撞具有重要价值。仰韶时期人工环壕、居址区、墓葬区等重要遗存的发现，为研究洛河中游地区这一时期的聚落形态、布局和功能分区提供了重要材料。仰韶时期大型人工环壕、多人二次埋葬坑、做工考究的房址等遗存的发现，反映了当时强大、有序的社会组织能力和技术水平，社会分化明显，是仰韶时期社会复杂化的具体体现。勘探发现的龙山早期墓葬区可能是中原地区迄今为止发现面积最大、墓葬数量最多的成人墓地，对研究龙山时期的埋葬制度、社会组织结构、社会生产技术等问题具有重要意义。

（供稿：任广）

H31 出土部分器物组合
Assemblage of Some Artifacts Unearthed
from the Ash Pit H31

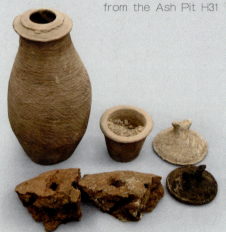

陶鼎
Pottery *Ding*-tripod

F5 出土部分器物组合
Assemblage of Some Artifacts Unearthed from the
House Foundation F5

陶豆
Pottery *Dou*-stemmed

陶器盖
Pottery Lid

陶盛簪器
Pottery Hairpin Container

彩陶盆
Painted Pottery Basin

镂孔陶球
Pottery Ball with Openwork Design

骨镖
Bone Dart

圭形石凿
Stone Chisel in the Shape of *Gui*–tablet

石铲
Stone Spade

骨靴形器
Bone Boot–shaped Object

骨镞
Bone Arrowhead

兽首石雕
Stone Carved Animal Head

玉璧
Jade *Bi*–disc

玉钺
Jade *Yue*–battle axe

The Suyang Site is located in Suyang Village, Zhangwu Town, Yiyang County, Luoyang City, Henan Province. It is about 970 m wide from east to west and 1,050 m long from north to south, covering an area of more than 600,000 sq m. The site is divided into two areas: the Suyang Area of the Yangshao Culture and the Xiacun Area of the Longshan Culture. Since 2021, the Luoyang Municipal Institute of Cultural Relics and Archaeology has excavated 1,300 sq m of the site and uncovered many remains of the Yangshao Culture, including 1 artificial moat, 42 house foundations, 256 ash pits, 14 ash ditches, 2 tombs, 6 urn burials, 1 pit that buried multiple humans, etc. The duration of the site was from the early Yangshao Culture to the late Longshan Culture, with continuously and stably developed cultural sequence and successive cultural genealogy. This discovery provides important materials for studying the settlement's structure, layout, and functional division of that time in the middle reaches of the Luo River.

甘肃临洮寺洼
新石器时代至青铜时代遗址

THE NEOLITHIC TO BRONZE AGE SIWA SITE IN LINTAO, GANSU

寺洼遗址位于甘肃省定西市临洮县衙下集镇寺洼山村，为寺洼文化命名地，早年称为寺洼山遗址，后简称为寺洼遗址。遗址地处黄河上游重要支流洮河的西岸，分布在庙坪、鸦儿沟坪、二衙坪等黄土台地上，北距县城约 20 公里，面积约 2 平方公里。

20 世纪 20 年代，安特生首先在遗址开展调查与试掘工作，后将发现的寺洼遗存列入其"六期说"中的第五期，即"寺洼期"。1945 年，夏鼐在遗址近中部开设两条探沟，清理出诸多马家窑文化遗存和寺洼文化墓葬。1947 年，裴文中亦在此试掘，发掘出马家窑文化遗物和寺洼文化墓葬。1949 年，夏鼐根据其在寺洼遗址的发掘提出"寺洼文化"的命名。1949 年以后，甘肃省文物管理委员会、甘肃省博物馆等单位多次对寺洼遗址进行考古调查。2006 年，寺洼遗址被国务院列入第六批全国重点文物保护单位。2015 年，甘肃省文物考古研究所对寺洼遗址进行了系统调查。2016 年、2018 年，中国社会科学院考古研究所联合甘肃省文物考古研究所，对遗址进行了两次小规模钻探。调查和钻探结果显示，寺洼遗址堆积极为丰富，包含了马家窑文化、齐家文化、寺洼文化、辛店文化等不同时期和类型的堆积。

2018 年，中国社会科学院考古研究所、甘肃省文物考古研究所联合启动"洮河流域新石器时代晚期至青铜时代聚落与社会"项目，并选择寺洼遗址作为考古发掘地点，重点探寻马家窑文化大型聚落及墓地、寺洼文化居址及墓地，以及一些关键生业技术在西北地区发展演变的线索。截至 2022 年，双方在寺洼遗址北部三处台地共开展五次考古发掘，揭露面积近 2000 平方米，清理出一批不同时期的房址、墓葬、灰坑、窑炉、祭祀坑、灰沟等遗迹，并收集了大量陶、石、骨类遗物，采集了诸多自然科学检测样品，取得重要收获。

F6
House Foundation F6

F14
House Foundation F14

寺洼遗址发掘的收获以马家窑文化和寺洼文化最为重要。马家窑文化主要发现一处半山时期聚落。现已清理出近60座房址、大量灰坑（窖穴）、数座窑炉以及与制陶相关的遗迹，另有少量墓葬。这些房址绝大多数发现在同一层位下，大多保存较好，主要为半地穴式，见有少量浅地穴式和地面式。房址平面以"凸"字形为主，可分为居室和门道两部分。居室常见有方形、长方形、梯形和圆形，以前两者为主。居室规模大小不等，可大致分为小、中、大三类，面积2～20平方米，半地穴深0.2～1.3米。小型房址约占半数，大型房址数量最少。居室地面多数平整，常见坚硬

活动面，其中心多有房柱1个，少量见有角柱和边柱，部分见有地上边柱。绝大多数房址不见室内灶，少数例外。门道方向不一，位于居室前方，多数偏于一侧，部分位于中央。多数门道为长条形（少数为宽短形）高台阶门道，常见为1阶，少数为多阶，部分台阶为斜面。房屋地面少见完整遗物，其功能尚待进一步分析，部分小型房址应非用于居住，可能与存储或手工业生产有关。绝大多数房址相互无打破关系，分布基本有序，多与周围灰坑（窖穴）和窑炉结合，大致可以分组，不同组之间似呈圆圈状分布。房址周围见有大量同时期的灰坑和窖穴，部分袋状窖穴保存较好，

F14 室内堆积
Accumulation in the House Foundation F14

坑壁似有加工痕迹，坑内堆积和出土遗物丰富，部分埋藏有数层完整兽骨，可辨认者常见有猪（成年或幼年）、犬等。有些灰坑出土大块红色胶泥，部分灰坑则填满胶泥状堆积，可能与制陶有关。窑炉现已清理出 4 座，常见于房址附近，上部多损毁，残存窑炉底部，保存较好者可见火膛、火道、窑箅、火孔、疑似操作坑等结构。窑内出土较多半山时期陶片。半山期墓葬已清理出 3 座，均与房址关系密切。M120 位于 F15 室内中部，并打破其室内堆积。竖穴土坑墓，墓底与室内地面齐平。墓内清理出人骨 3 具，均位于墓底中西部，保存状况一般，经鉴定为成年人骨 2 具和婴儿骨骼 1 具。其中，成年人骨男女各一，均为二次葬，婴儿属一次葬。墓底发现随葬器物 11 件，均为陶器，其中彩陶 5 件，均为典型半山期陶器。另外两座墓葬（M122、M123）均与 F36 有关，分别位于室内近底边处和近中部。M122 发现于 F36 第①层下，打破其下室内堆积，但未触及居住面。M123 发现于 F36 第⑥层下，打破居住面。两座墓葬局部均被更晚期遗迹打破，未见人骨。M122 墓底随葬典型半山期陶器 3 件，M123 见有完整半山期彩陶 1 件。上述 3 座墓葬较为特殊，推测墓主可能与相关房址有密切关系。综上可见，寺洼遗址北部存在一处马家窑文化半山期聚落。聚落内房址众多，类型丰富，结构清晰，时代明确；房址周围见有大量同时期灰坑（窖穴）、数座窑炉以及与制陶相关的遗迹，推测这一区域可能与

手工业生产相关；房址内发现数座特殊墓葬，不排除周围还存在半山期墓地的可能。这些内容有望填补半山期聚落发现和研究方面的诸多空白。

寺洼文化主要发现一处大型墓地，现已清理出近百座寺洼文化墓葬。这些墓葬大致成排分布，墓向基本一致，均为北偏西。墓葬形制主要为竖穴土坑墓，多数有龛（坑）和二层台。墓主多为 1 人，仰身直肢，部分见有棺椁。有些墓主存在手骨缺失现象。见有少量合葬、二次葬、屈肢葬、火葬等特殊墓葬。墓内常见殉牲，主要为牛、羊、犬的一部分或者整体。零星见有殉人。随葬器物主要为陶器，常见器形有马鞍口罐、鼎、鬲等。部分墓葬随葬石器、铜器。少数寺洼文化墓葬中出土成组齐家文化风格或辛店文化风格的陶器。墓地中还发现了多种类型的祭祀遗迹。上述发现提供了大量寺洼文化丧葬习俗的新的重要线索，对探讨寺洼文化自身的诸多重要问题及其与齐家文化、辛店文化的关系具有重要意义。

寺洼遗址在中国考古学史、西北地区文明化进程、早期中西文化交流等领域具有重要地位。安特生、夏鼐等学者的工作为马家窑文化、寺洼文化的研究奠定了首要的基础。近年的考古工作，尤其是发掘工作取得突破性进展。2018～2020 年的工作，明确了寺洼墓地的范围，集中清理出一批寺洼文化的重要墓葬，揭示了一些新的重要丧葬现象，为相关问题的深入研究提供了新的重要资料。2021～2022 年的发掘，确认了遗址北

F27
House Foundation F27

F24
House Foundation F24

H330
Ash Pit H330

H330 内完整猪骨出土情况
The Complete Pig Skeleton in the Ash Pit H330 in Situ

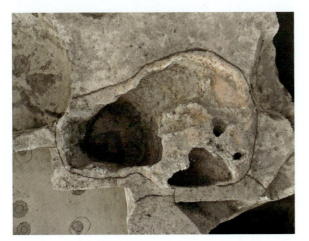

Y1
Kiln Y1

M1
Tomb M1

F15 与 M120

House Foundation F15 and Tomb M120

M1 头龛（坑）

Head Niche (Pit) of Tomb M1

M1 墓主手掌切割情况

The Cut Palm of M1's Tomb Owner

部存在一处半山期聚落，已揭露区域遗迹丰富，结构清晰，时代明确，其功能可能与手工业生产有关，此外还可能存在半山期墓地。这些都有望填补半山期聚落发现和研究领域的多项空白。总之，寺洼遗址的考古工作取得突破性进展，对讨论西北地区，尤其是青藏高原东北边缘地带的早期文明化进程及其模式具有重要意义。

（供稿：郭志委　周静）

M120 出土双耳小口彩陶瓮
Painted Pottery Urn with Two Handles and Small Opening Unearthed from Tomb M120

M120 出土双耳彩陶罐
Painted Pottery Jar with Two Handles Unearthed from Tomb M120

M120 出土双耳彩陶罐
Painted Pottery Jar with Two Handles Unearthed from Tomb M120

M122 出土陶器组合
Pottery Assemblage Unearthed from Tomb M122

M123 出土单耳彩陶壶
Painted Pottery Pot with One Handle Unearthed from Tomb M123

The Siwa Site is located in Yaxiaji Town in Lintao County, Dingxi City, Gansu Province. From 2018 to 2022, the Institute of Archeology of the Chinese Academy of Social Sciences collaborated with the Gansu Provincial Institute of Cultural Relics and Archaeology on excavating the site and gained significant findings belonging to the Majiayao Culture and Siwa Culture. A settlement of the Banshan Type of the Majiayao Culture has been discovered, within which identified many house foundations with varied styles, clear structures, and definite ages.

Many ash pits (cellars), some kilns, and pottery production-related remains of the same period were found surrounding the house foundations. Besides, several peculiar tombs were found in house foundations, indicating that it is probably a Banshan Type cemetery around. These findings may fill the gaps in the discovery and research of the settlement of the Banshan Type. On the other hand, about a hundred tombs have been excavated in a large-scale Siwa Culture cemetery, revealing some crucial funeral phenomena and offering new materials for resolving related issues.

山西绛县
西吴壁遗址商代墓地

CEMETERY OF THE SHANG DYNASTY AT THE XIWUBI SITE IN JIANGXIAN, SHANXI

西吴壁遗址位于山西省绛县古绛镇西吴壁村南，以丰富的夏商冶铜遗存闻名于世。2022 年 7 ~ 9 月，经国家文物局批准，中国国家博物馆与山西省考古研究院、运城市文物保护中心联合，在遗址夏商冶铜遗存集中分布区东部（IE4 区）开展考古发掘工作，揭露出丰富的史前及夏商周等时期文化遗存，其中以商代墓地的发现最为重要。

商代墓地位于发掘区东南部，紧靠遗址东部的大型冲沟。从断面暴露在外的文化层可以推知，这条冲沟在历史上曾不断扩宽，推测已有部分墓葬被破坏而不存。墓地所在区域在商代的地貌应为北高南低的缓坡，现为自北向南逐级下降的梯田。经分析袋状坑等遗迹可知，这里的商代原始地面已至少被削去 1.5 米。商代墓葬因此都遭到了不同程度的破坏，个别墓葬残深仅 0.1 米，推测还有一些小型墓葬已被破坏而不存。目前，墓地的北、西、东三面边界已确认，唯南面的边界尚不清楚，有待将来进一步考古工作。

2022 年，共发现并清理 16 座长方形竖穴土坑墓。除 1 座为东西向外，其余均为南北向，墓主头向南，大部分见有木质葬具痕迹。墓葬之间不见叠压打破关系，显是事先规划所致。按照墓圹规模和随葬器物差异，可将这些墓葬初步分为大、中、小三个等级。其葬俗相近，可能是一处族墓地。另需提及的是，墓地范围内基本不见与之同时的居址遗迹，仅在墓地以北约 10 米处，发现少量与之时代相当的灰坑，二者关系目前尚不明确。

大型墓 M16，位于墓地中部，与之邻近的其他墓葬规模亦均较大。此墓墓圹东壁中部向外凸出，整体近"凸"字形，凸出部分被东周时期的灰坑打破，残存南半部。墓圹面积约 9 平方米，深 1.2 米。墓葬东、西两侧各有一直径约 0.15、残深约 0.16 米的柱洞，东侧柱洞位于墓圹凸出部分，西侧柱洞紧贴椁侧板，用途不明。葬具为一棺一椁，椁保存较差。南侧二层台上摆放羊头和两条前肢，东、西棺椁之间的填土中各有一殉人。东侧殉人仰身直肢，西侧殉人俯身直肢，均面向墓主。棺保存状态较好，整体近Ⅱ形。墓主骨架保存不佳，肋骨、盆骨已残失，葬式为仰身直肢，面向西，初步鉴定可能为男性。此墓随葬器物皆置于棺内，包括铜、陶、漆、贝、玉及绿松石器等。铜鬲、斝、爵置于棺内西北角，两件漆器紧靠铜器，其中一件为漆觚。在漆觚斜上方紧贴棺侧板处，发现一件平面近梯形、窄边正对漆觚的玉器，其窄边尚存装柄痕迹，应是与漆觚配合使用之物。绿松石器置于墓主左臂处。棺内东北角和东南角分别放置陶直口缸、浅腹盆及深腹盆。此外，在墓主颈、胸部还发现由海贝组成的串饰。

中型墓，墓口面积大于 2 平方米，随葬器物置于棺内，种类除陶器外，还有不见于小型墓的铜或漆器、海贝等。M8，位于墓地西北部，墓口面积约 2.2 平方米，深 0.74 米。葬具为一棺。墓主俯身直肢，骨架保存状态不佳，初步鉴定为男性。随葬器物主要放置于棺内北部。铜斝置于棺内西北部，陶鬲、小口鼓肩罐在其北，铜刀在其南；铜爵置于墓主左侧股骨附近，玉梯形器紧靠铜爵放置，仿铜陶鼎置于左膝处，其下有铜镞 3 件。

小型墓，墓口面积不大于 2 平方米，随葬陶器或不见随葬器物。M10，位于墓地东部，墓口面积约 1.5 平方米。葬具为一棺。墓主仰身直肢。随葬器物放置于棺内，其中北部置陶鬲、盆、罐，南部置一陶鬲。M23，位于墓地西北部，墓口面积约 2 平方米。葬具为一棺。墓主仰身直肢。随葬陶器 5 件，其中盆、罐、单把鬲置于棺内，簋和另一件单把鬲置于北侧的熟土二层台上。

经过对本次发掘出土陶器和铜器的类型学研究，并参考以往研究成果，初步将这些墓葬分为

早、中、晚三段。早、晚段分别与二里岗下层一、二期的时代大致相当，中段介于二者之间。^{14}C 测年结果表明，西吴壁墓地的形成时代大致在公元前 16 ～前 15 世纪。

对出土随葬器物的文化因素分析表明，此墓地主要包含商文化和土著文化因素，另有少量北方文化因素。商文化和土著文化因素共存的现象，在一定程度上反映了商代初期，商王朝在处理与晋南土著人群的关系方面，采取了较为温和的策略。而北方系文化因素的发现，说明晋南与北方地区关系密切。同时，暗示了晋南地区铜料的输出方向，除商王朝中心都邑外，可能还有北方青铜文化分布区。

在西吴壁墓地及邻近区域，发现了丰富的二里头文化时期的冶铜遗存，如与冶铜活动密切相关的房址、木炭窑、窖穴、出土丰富冶铸遗物的大型灰坑等，说明此地在二里头文化时期是冶铸铜生产的核心区域。至二里岗下层阶段，该区域少见冶铸遗存，并且出现了一处规划有序的墓地，

大型墓 M16
Large Tomb M16

中型墓 M8
Medium Tomb M8

小型墓 M10
Small Tomb M10

小型墓 M23
Small Tomb M23

大型墓 M16 绿松石器（局部）出土情况
Turquoise Objects (Partial) in the Large Tomb M16
in Situ

说明从二里头到二里岗文化时期，这里的聚落结构发生了重大变化。这一变化是否与文献记载的夏商鼎革有关，是今后颇值得关注的学术问题。

目前，二里岗下层阶段的商系墓葬数量少，稍具规模的墓地更为少见。西吴壁墓地的发现，填补了晋南地区以往不见二里岗下层阶段商系墓地的空白，为研究商代墓葬制度的源流等提供了

宝贵资料。所见大、中型墓葬已经形成了鼎（或鬲）、斝、爵的礼器组合，与夏代晚期贵族墓中的礼器组合有所不同，印证了"商因于夏礼，但有所损益"的历史事实。出土铜器种类丰富，与之共存的陶器时代特征明确，为这一时期的铜器断代确立了可靠的年代标尺。

大型墓葬 M16，是迄今所知二里岗下层阶段规模最大、内涵最为丰富的高等级商系墓葬，墓主应是商代初期居住在晋南地区的高级贵族。以往我们曾据西吴壁遗址商代聚落面积大等因素，推测该遗址具有较高等级。本次高等级墓葬的发现，可进一步确知西吴壁遗址是晋南地区商代前期最重要的中心聚落之一，除向外输送铜料外，还具有区域管理与对外交流等职能。

西吴壁遗址商代墓地的发现，在该遗址中确认了一处性质明确的功能区，丰富了遗址的内涵，对于深入了解遗址的聚落形态变迁以及探讨晋南地区商代人群构成和礼制源流、商王朝国家形态与统治模式等具有重要意义。

（供稿：田伟　孙慧琴　王一如　张开亮）

铜鼎
Bronze *Ding*–tripod

陶鬲
Pottery *Li*–cauldron

陶单把鬲
Pottery *Li*–cauldron with
Single Handle

陶单把鬲
Pottery *Li*–cauldron with
Single Handle

陶鼓肩罐
Globular Shoulder
Pottery Jar

陶深腹罐
Deep Belly Pottery Jar

陶双鋬盆
Pottery Basin with Two Small
Handles

玉梯形器
Trapezoid Jade

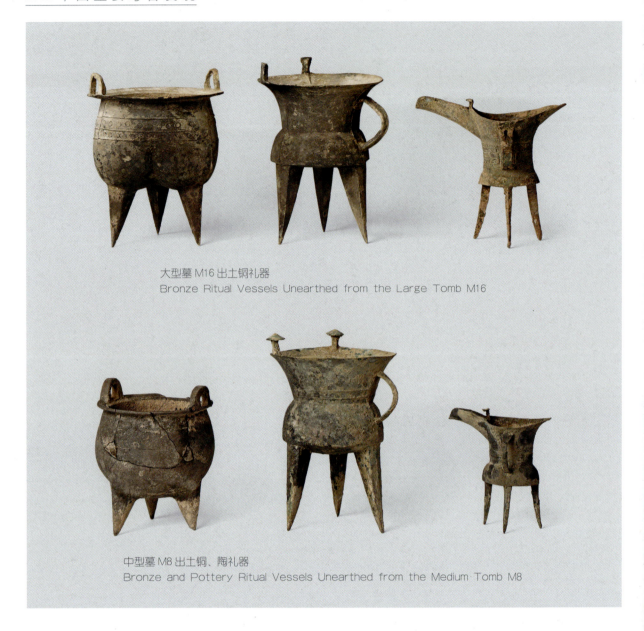

大型墓 M16 出土铜礼器
Bronze Ritual Vessels Unearthed from the Large Tomb M16

中型墓 M8 出土铜、陶礼器
Bronze and Pottery Ritual Vessels Unearthed from the Medium Tomb M8

The Xiwubi Site is situated south of Xiwubi Village in Gujiang Town, Jiangxian County, Shanxi Province, well known for its abundant copper smelting remains of the Xia and Shang Dynasties. From July to September 2022, the National Museum of China and others excavated a cemetery belonging to the period of the Lower Layer of Erligang Culture in the east of the concentrated distribution area of the copper smelting remains. The 16 unearthed burials are all rectangular vertical earthen shaft pit tombs. One is east-west oriented, and the rest are north-south orientated. Given different grave sizes and grave goods, tombs can be distinguished into large, medium, and small. Unearthed artifacts include bronzes, pottery, jade, lacquerware, etc., primarily demonstrating Shang and indigenous cultural factors. The discovery of this Shang cemetery in Xiwubi further confirmed that this area was an essential stronghold established in southern Shanxi by the Shang Dynasty. It provides important materials for studying the population composition, the origin and development of the ritual system, as well as the form of state and mode of governance of the Shang Dynasty in southern Shanxi.

湖南汨罗
黑鱼岭商代墓地

HEIYULING CEMETERY OF THE SHANG DYNASTY IN MILUO, HUNAN

黑鱼岭商代墓地位于湖南省汨罗市屈子祠镇双楚村。2021年11月，曾在此墓地东南约250米的野猫咀地点发现铜觥和铜壶两件商代青铜器。其后，湖南省文物考古研究所对这一区域进行了考古调查和勘探，发现了黑鱼岭商代墓地及其北部的龙子口商代遗址与其北部偏东的余家坡商代遗址。黑鱼岭墓地的墓葬主要分布在余家坡遗址、龙子口遗址和野猫咀铜器出土地点之间的岗地上。

2021年底至2022年，湖南省文物考古研究院和汨罗市考古研究与文物保护中心联合对黑鱼岭墓地进行了发掘，发掘区域位于墓地西南部，接近墓地边缘，共清理商代墓葬30座。这批墓葬平面均呈长方形，其中，9座被毁严重，残长仅约1、宽0.5～0.9米；其余21座保存相对完整，多长4～6、宽0.6～1、残深0.2～0.7米，墓室面积2～6平方米，长、宽比多为4：1。最大的一座墓长逾10、宽近2.5米，最小的一座墓

M1
Tomb M1

M22
Tomb M22

M6
Tomb M6

长约 2、宽约 0.5 米。墓葬的排列较规则，均近南北向，除两座存在打破关系外，其余各墓相对独立。墓内填土均为原土回填，除几座规模较大、墓室保存稍深的墓葬发现有生土二层台和独木棺外，其余墓葬的墓室内未见其他遗迹现象。墓室内人骨均已腐朽无存，墓底近斜坡状，北端稍高、南端稍低。随葬器物多平置于墓底，除两座墓因破坏较甚而未见随葬器物外，其余墓葬均有随葬器物，多为 1～5 件陶器，器形包括釜、罐、鼎、𣰈、瓿形器、壶、豆、纺轮等，另见原始瓷罐、硬陶瓿等。此外，M1 还随葬铜戈 1 件，M25 随葬玉玦 1 件。

根据墓室大小差异，初步可将保存较完整的 21 座墓分为 4 型，举例介绍如下。

A 型　面积超过 20 平方米。仅 1 座。

M1　面积约 24 平方米，开口长 10.2、宽 2.3～2.48 米，残深 0.76～1.1 米，方向 35°。东、西两壁设有宽约 0.2 米的生土二层台。墓底置独木棺，棺长 7.74、宽 0.6 米。随葬器物共 8 件，其中陶器包括𣰈、壶、瓿形器、釜、豆、器盖各 1 件，另有原始瓷罐、铜戈各 1 件。

B 型　面积 10～20 平方米。仅 1 座。

M22　面积约 14 平方米，开口长 7.8、宽 1.8 米，残深 0.2 米，方向 1°。墓内残存陶罐 2 件，均为费家河文化常见器物。此墓被 M25 打破，为本次发现的唯一一组具有打破关系的墓葬。

C 型　面积 3～7 平方米。共 10 座。

M6　面积约 6.3 平方米，开口长 5.3、宽 1.18 米，残深 0.89 米，方向 1°。随葬陶瓿形器、釜、罐各 1 件。

M13　面积约 3.2 平方米，开口长 3.75、宽 0.86 米，残深 0.16 米，方向 16°。随葬陶鼎、罐、釜各 1 件。

M21　面积约 3.5 平方米，开口长 4.56、宽 0.76 米，残深 0.18 米，方向 355°。墓内未发现棺椁及人骨痕迹。随葬器物 3 件，分别为硬陶瓿、陶壶和纺轮。

D 型　面积 1～3 平方米。共 9 座。

M15　面积约 1.8 平方米，开口长 2.4、宽 0.74 米，残深 0.16 米，方向 20°。随葬陶壶、罐等。

M17　面积约 2.5 平方米，开口长 3.5、宽 0.7 米，残深 0.18 米，方向 340°。随葬陶釜、纺轮等。

M34　面积约 2.2 平方米，开口长 3.1、宽

M13
Tomb M13

M21
Tomb M21

M15
Tomb M15

M17
Tomb M17

0.7 ～ 0.74 米，残深 0.8 米，方向 341°。随葬陶釜、豆等。

黑鱼岭墓地的年代可依据墓葬随葬器物的基本特征来分析。从随葬的主要陶器来看，器形以折沿釜、高直领罐、甂形器、斝为主，特征与以往洞庭湖东岸地区费家河文化遗址出土的主要陶器基本相同。此外，M1 出土的原始瓷罐，折沿、矮领、折肩，肩部饰圆圈纹，总体特征与新干大洋洲商墓所出同类器物相近；M21 出土的硬陶瓿与河南驻马店闰楼墓地 M26 出土同类器特征接近，后者时代大致为殷墟二期。因此，黑鱼岭墓地的年代应相当于商代晚期。

黑鱼岭墓地的发掘主要有以下三点重要意义。

第一，本次对黑鱼岭墓地的发掘，首次清理出独木棺的葬具痕迹，说明其性质应为墓葬。这批墓葬的发现，表明洞庭湖东岸地区商代晚期墓地应与遗址区明显分离，即有相对独立的墓区，并且墓葬的形制均为狭长方形。这批墓葬的特征，反映出以往在对门山、易家山等遗址发掘出的圆形坑状遗迹或许并非墓葬，更新了以往关于洞庭湖东岸地区商代晚期墓葬特征的认识。

第二，黑鱼岭墓地出土的主要陶器，如折沿釜、甂形器、直领罐、斝等，均为费家河文化的典型器物，墓地周边的余家坡和龙子口遗址也为与墓地时代相同的费家河文化遗址，这说明在野猫咀地点出土的铜觥、铜壶等铜器也应具有相同的文化性质。从黑鱼岭墓地的发掘来看，这批墓葬在规模上体现出一定的等级差异，其中 M1 规模明显超过其他墓葬，暗示其等级较高，但此墓的随葬器物，除陶器外，仅出土了这批墓葬中所见的唯一一件青铜兵器，并未发现青铜容器。这或许表明商代晚期费家河文化社会并未具备生产复杂铜器的条件，这一时期该地区发现的高品质青铜器可能是外来传入而非本地生产的，这一点对于探索湖南商周青铜器的产地及来源问题具有重要启示意义。

第三，湖南、两广等百越地区过去曾陆续发现一批年代多集中于周代、墓坑平面呈狭长方形的越人墓，其形制特征与黑鱼岭墓地本次发掘的商代墓葬非常相似，表明它们之间或具有一定的渊源关系。因此，黑鱼岭墓地的发掘也为探索越文化中此类葬俗的起源提供了重要材料。

（供稿：盛伟　赵磐）

41

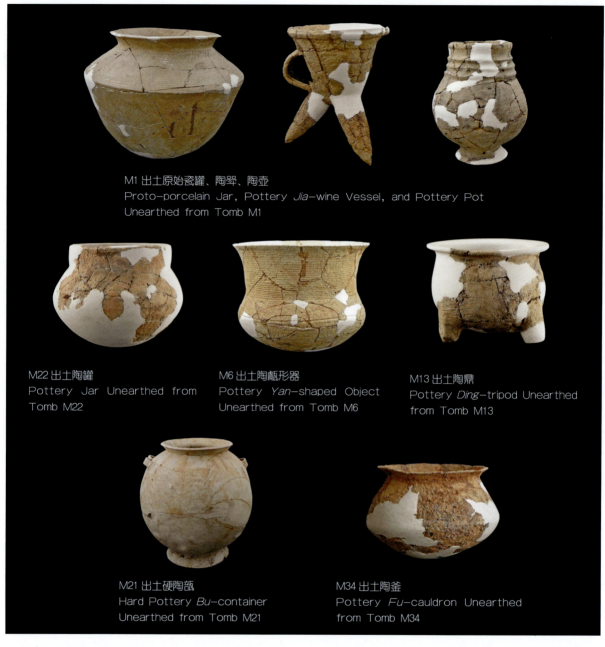

M1 出土原始瓷罐、陶斝、陶壶
Proto-porcelain Jar, Pottery *Jia*-wine Vessel, and Pottery Pot Unearthed from Tomb M1

M22 出土陶罐
Pottery Jar Unearthed from Tomb M22

M6 出土陶甗形器
Pottery *Yan*-shaped Object Unearthed from Tomb M6

M13 出土陶鼎
Pottery *Ding*-tripod Unearthed from Tomb M13

M21 出土硬陶瓿
Hard Pottery *Bu*-container Unearthed from Tomb M21

M34 出土陶釜
Pottery *Fu*-cauldron Unearthed from Tomb M34

The Heiyuling Shang Cemetery is located in Shuangchu Village, Quzici Town, Miluo City, Hunan Province. From the end of 2021 to 2022, the Hunan Provincial Institute of Cultural Relics and Archeology and others excavated the southwestern area of the cemetery and uncovered 30 tombs belonging to the Shang Dynasty. Tombs are all in the shape of narrow rectangular, and 21 of them are well-preserved and regularly arranged in a nearly north-south orientation. Some tombs remain traces of wooden coffins made from a single tree trunk.

Unearthed objects are mainly pottery, also including proto-porcelain jar, hard pottery *bu*-container, bronze *ge*-dagger ax, jade *jue*-earring, etc. The cemetery is dated to the late Shang Dynasty based on the features of grave goods. The excavation offers crucial information to clarify the previous understanding of features of the late Shang tombs on the east bank of Dongting Lake; in addition, helping in exploring the source of Shang and Zhou bronzes in Hunan and the origin of the narrow rectangular tombs of the Yue Culture.

河南安阳殷墟商王陵区及周边 2021 ～ 2022 年勘探与发掘收获

SURVEY AND EXCAVATION RESULTS OF THE SHANG ROYAL TOMBS AND SURROUNDING AREAS AT YINXU IN ANYANG, HENAN IN 2021-2022

殷墟遗址位于河南省安阳市西北郊的洹河南北两岸。20 世纪 90 年代以来，在遗址范围内的洹河以南和东面的大司空地区发现了商代晚期干道，另从殷墟西部、今安钢厂区向东贯穿有商代晚期的干渠及其支渠，长度超过 2.7 公里，二者构成殷墟大邑商都城空间的骨干框架。然而，上述这些重要现象，在洹河北岸以商王陵区为中心的区域均未发现。2021 年，中国社会科学院考古研究所安阳工作队启动了商王陵及周边区域的考古勘探，其目的首先是通过勘探寻找小屯宫殿区到王陵区之间的干道，其次是厘清商王陵区的范围，后续探明洹河北岸地区的功能区划。

2021 年 8 月起，对商王陵及周边开始进行考古勘探，以位于安阳考古工作站内的殷墟遗址坐标原点为基准，用 RTK 布 10 米 ×10 米探方，覆盖工作区域。以普通钻探方式（两排间距为 10 米，每排孔距 1 ～ 2 米）追寻大型遗迹如沟、道路，以重点钻探方式（孔距为 1 米或 2 米）详细掌握部分区域地下文物的埋藏详细信息。截至 2022 年 11 月，勘探总面积近 24 万平方米，其中普探面积约 13 万平方米，重点勘探面积约 11 万平方米。

钻探发现遗迹包括围沟、祭祀坑、墓葬、灰坑等。其中，围沟 2 条，二者东西相距 40 米。东围沟（G1）围绕在王陵东区的大墓和大量祭祀坑周围，平面近正方形，东西间距约 246、南

东汉晚期
砖室墓

东围沟（G1）南段第二地点发掘情况
Excavation at the Location 2 (Southern Section of the East Enclosing Ditch G1)

东围沟（G1）南段第二地点
探方西壁剖面
Profile of the West
Wall of the Excavation
Unit at the Location 2
(Southern Section of the
East Enclosing Ditch G1)

东围沟（G1）西段缺口第三地点探方内所见
南北两侧沟口形状
Shapes of the Ditch Openings on the
North and South Sides, Seen in the
Excavation Unit at the Location 3
(Gap in the West Section of the East
Enclosing Ditch G1)

东围沟（G1）西段缺口第三地点西周房址
House Foundation of the Western Zhou Dynasty at the Location 3 (Gap in the West Section of the East Enclosing Ditch G1)

东围沟（G1）西段缺口第三地点西周早期灰坑
Ash Pit of the Early Western Zhou Dynasty at the Location 3 (Gap in the West Section of the East Enclosing Ditch G1)

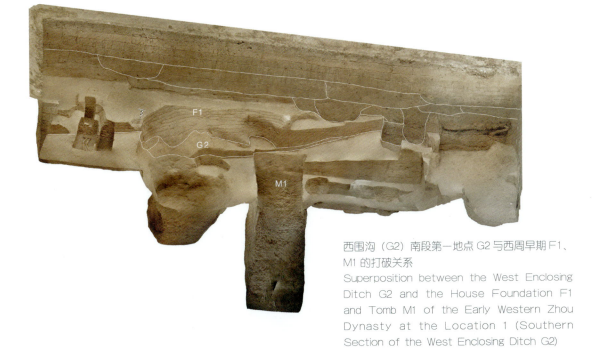

西围沟（G2）南段第一地点 G2 与西周早期 F1、M1 的打破关系
Superposition between the West Enclosing Ditch G2 and the House Foundation F1 and Tomb M1 of the Early Western Zhou Dynasty at the Location 1 (Southern Section of the West Enclosing Ditch G2)

北间距约 236 米。沟的宽度不一，口部宽逾 10 米，最深处 3.5 米。西围沟（G2）围绕在王陵西区的大墓周围。两个围沟各发现缺口 2 个。

在王陵公园墙以东 110 米的范围新探出祭祀坑超过 460 座，王陵区祭祀坑总数超过 2800 座。此次探出的祭祀坑形制与以往考古发掘的殷墟时期祭祀坑基本相同，少数可能为墓葬。多数为长方形坑，少数为方形坑，还有长方形巨型坑（28 米 ×6 米），均探出有骨骼。

商周时期房基 38 座、井 3 口、陶窑 3 座、竖穴土坑墓 165 座，另有 37 座墓时代需再确认。

此外，还有灰沟 14 条、窖穴 5 座、灰坑 319 个。

干道的路沟 1 条，口部宽逾 10 米，从武官东地向北延伸到小营东地，南北长逾 1200 米，中间发现十字路口 2 个。南端南距洹河 100 米。路土和近路的上层填土中出土的陶片时代为商周时期。

发掘工作始自 2022 年，共选择发掘地点 4 处。第一地点位于西围沟（G2）南段，第二、三地点分别位于东围沟（G1）南段偏西和西段缺口处，第四地点位于东围沟（G1）东段内的祭祀坑区。布 10 米 ×10 米探方 16 个，实际发掘面积逾 700 平方米，发掘所

西围沟（G2）南段第一地点打破 G2 的西周早期 M1
Tomb M1 of the Early Western Zhou Dynasty Overlapped the West Enclosing Ditch G2 at the Location 1 (Southern Section of the West Enclosing Ditch G2)

第四地点祭祀坑 K23 上层器物
Artifacts from the Upper Layer of the Sacrificial Pit K23 at Location 4

见遗存年代包括商代晚期、西周、东汉、宋元等时期。

第一地点发掘情况表明，此处围沟被西周早期两座墓葬（M1、M2）、一座房址（F1）及灰坑打破，仅存沟底部分，残宽 7.35、残深 0.7 米。沟内填土仅存 3 层。

第二地点发掘情况表明，此处沟口距地表约 0.7 米，开口于探方第③层下，沟口宽 14、深近 2.6 米，打破它的最早遗迹为一座东汉晚期砖室墓。沟内填土分 10 层，在第②～⑩层均出土有碎陶片，其中第③层出土战国时期陶豆，第⑥～⑧层出土西周早期陶豆、罐等残片，第⑨层出土少量殷墟时期陶片及骨骼残片，第⑩层出土殷墟时期陶鬲足。

第三地点发掘情况表明，G1 西段缺口处宽 10.5 米。

第四地点发掘区内（王陵公园东墙外），清理祭祀坑 31 座，分人坑、狗坑、人与狗组合坑三种，以第三种最为常见。少数坑底的腰坑中埋狗。少数坑中埋有青铜器、陶器、玉器、骨器、蚌片等。如 2022AXXK23 的上部埋有青铜觚、爵各 2 件，青铜尊、觯、戈各 1 件，玉虎、柄形器各 1 件，玉管 2 件，骨管 1 件，底部腰坑中埋狗 1 只。

通过本次发掘，获得了明确的西周早期遗迹打破西围沟（G2）的遗迹关系。如西周早期房址

第四地点祭祀坑 K23 出土青铜尊内底的"鼎"字铭文
The Character "Ding" Inscribed on the Inner Bottom of the Bronze Zun-vessel Unearthed from the Sacrificial Pit K23 at Location 4

F1 打破 G2。F1 残存地基部分，探方内南北长 10.15、东西宽 5、高 1.6 米，夯层厚约 0.1 米，黄褐色或灰褐色花土，土质致密，出土陶片、铜器残件、动物骨骼、石器、蚌片等，陶器可辨器形有罐、鬲、盆等。在不同夯层下有奠基坑 7 个，内埋葬有年龄不等的婴幼儿与青少年。又如西周早期 M1 亦打破 G2。M1 为竖穴土坑墓，墓口平面呈长方形，长 3.15、宽 1.52、深 3.7 米。墓主为男性，葬式为仰身直肢，头朝西。墓底腰坑内殉狗 1 只。墓内随葬玉戈、陶鬲各 1 件及贝 3 件。此外，还有一些西周早期灰坑也打破 G2。

近两年对殷墟商王陵区及周边的考古工作取得了重要收获。新探明的围沟围绕在殷商大墓外围，未见围沟与殷商墓葬、祭祀坑存在叠压或打破关系，只有晚期墓葬打破围沟和祭祀坑的现象；东围沟 G1 东、西段的北端偏向东，与殷墟发现的商代建筑方向一致。发掘发现多组晚期遗迹打破围沟，其中砖室墓打破东围沟 G1，西周早期遗迹打破西围沟 G2，尤其后者证明了 G2 年代早于西周早期。综合来看，新发现的两条围沟应属于围绕商王陵园的隍壕。以上发现改变了商王陵陵园的格局，将推动对商代陵墓制度乃至商文化、商史的研究，也为殷墟国家考古遗址公园的建设提供了重要资料。

新发掘祭祀坑数量较多，主要成片分布于王陵区东部，为研究商代社会性质、商代祭祀活动及其形式等提供了新资料。

除上述收获外，本次考古工作还有一些新的重要发现。如，王陵区东南方向半扇形空白区域的发现；王陵区西部西周遗址面积确认超过 4 万平方米，这是殷墟范围内发现的面积最大的西周遗址。以上这些发现将推动周人灭商以及周王朝国家治理方式的研究。

（供稿：牛世山）

第一地点 M1 出土陶鬲
Pottery *Li*-cauldron Unearthed from Tomb M1 at Location 1

第四地点祭祀坑 K23 出土青铜觚
Bronze *Gu*-goblet Unearthed from the Sacrificial Pit K23 at Location 4

第四地点祭祀坑 K23 出土青铜爵
Bronze *Jue*-cup Unearthed from the Sacrificial Pit K23 at Location 4

第四地点祭祀坑 K23 出土玉虎
Jade Tiger Unearthed from the Sacrificial Pit K23 at Location 4

第四地点祭祀坑 K23 出土青铜尊
Bronze *Zun*-vessel Unearthed from the Sacrificial Pit K23 at Location 4

第四地点祭祀坑 K23 出土玉戈
Jade *Ge*-dagger Ax Unearthed from the Sacrificial Pit K23 at Location 4

The Ruins of Yin (Yinxu) is located on the north and south banks of the Huan River in the northwest suburb of Anyang City, Henan Province. In 2021, the Anyang Archaeological Team of the Institute of Archaeology, Chinese Academy of Social Sciences, initiated an archaeological survey and excavation of the Shang royal cemetery and its surrounding areas on the north bank of the Huan River at Yinxu. As of November 2022, the total survey area is about 240,000 sq m, discovering enclosing ditches, sacrificial pits, tombs, ash pits, etc. The two ditches were found enclosing the large Shang tomb, supposed to be the moat encircling the royal cemetery. Many newly excavated sacrificial pits are densely distributed in the eastern part of the royal cemetery, with structures similar to sacrificial pits found at Yinxu before. The results of this project will promote the research of the funerary system of Shang royal tombs, as well as the Shang culture and Shang history, in addition to providing new materials for understanding the social nature and sacrificial practices of the Shang Dynasty.

河北涞水
张家洼遗址

ZHANGJIAWA SITE IN LAISHUI, HEBEI

张家洼遗址位于河北省涞水县明义镇张家洼村周围。晚清时期，传说在该遗址出土了"北伯鼎"，王国维曾据此撰写《北伯鼎跋》。1984年第二次全国文物普查时，发现并确定了该遗址位于张家洼村东、北部，总面积约 1.5 万平方米。1985 年，拒马河考古队对遗址进行过调查。1987年，保北考古队复查遗址，并在北封村南和张家洼村东南进行了试掘。

2018 年，为发现和识别新的文化类型、补充京津冀地区先秦编年体系的缺环和多学科综合分析，中国社会科学院考古研究所与河北省文物考古研究院、涞水县文物局联合组队在涞水县展开系统工作。在大范围调查的基础上，自 2021 年起对张家洼遗址进行了发掘，清理了包括雪山二期、大坨头、二里岗上层、围坊三期、张家园上层、战国中晚期燕文化在内的各种考古学文化遗迹 100 余个，取得了重要收获。

通过连续的系统调查和钻探，基本确认张家洼遗址东北部边缘在张家洼村北的北封村东垒子河（秋兰河）东岸约 150 米处，东界在西董村至西南租村西一线的台地下，西界在垒子河以西约400 米，南界大体在司徒村北，遗址总面积超过

2022 年发掘区西区全景
Full View of the Western Excavation Area in 2022

40 万平方米，但目前尚未能确认遗址的核心区。

　　雪山二期文化的遗迹有灰坑、灰沟和残陶窑，出土陶器以夹砂陶为主，陶色以色泽斑驳的各类褐陶和红陶为主，有一定数量的磨光黑皮陶。器形主要有各类罐、鼎、鬲、甗、瓮、盆、圈足盘、器盖、杯等，以各类罐、瓮数量最多，形态也较多样。陶器中，折腹罐、垂腹罐、四足瓦足盘是新见器形；装饰纵向錾耳的深腹罐、瓮地方特色突出；鬲袋足肥大，多为空足，个别有矮实足跟。张家洼遗址雪山二期遗存中有较高比例的细石器，石镞与 T 形雕刻器制作精细，但大部分为剥制的细石叶。既往京津冀地区雪山二期文化遗址发掘不多，也缺乏有序的多学科研究。张家洼遗址的发掘，极大地补充了该文化材料的不足。

　　大坨头文化和二里岗上层文化遗存未见较好的堆积单位，仅有零星发现。

　　围坊三期文化以各类夹砂陶肥袋足鬲和算珠状纺轮最具代表性。该文化墓葬的发现是张家洼遗址本次发掘的突破，目前仅见 2 座，位于垒子

西周早期 22M4 全景
Full View of Tomb 22M4 of the Early Western Zhou Dynasty

河西岸发掘区的台地中部。墓葬近东西向，规模较小，其中一座墓主为二次葬，出土陶罐与带耳盂的器物组合特征明显。^{14}C 测年结果显示，两座墓葬年代不晚于公元前 1120 年，其上限则约在公元前 1300 年。

　　西周时期的遗迹目前有灰坑和墓葬。陶器以红褐色夹砂陶为主，夹砂陶中羼加云母屑的比例

较高，器形以鬲、甑、盆、罐为主，也有辨识度较高的剖面呈 L 形的纺轮，器物年代集中在西周早期。陶鬲以唇花边筒腹鬲和商式鬲最常见，罕见周式鬲。居址内发现有零星陶范、石范等冶铸遗存。

垒子河西岸遗址中部台地上发现的西周早期墓葬皆为西北—东南向，基本在 100°～120°，

西周早期 22M4 马辔铜构件出土情况
Bronze Bridle Components in the Early Western Zhou Tomb 22M4 in Situ

殉马坑 22H39
Sacrificial Horse Pit 22H39

殉牛坑 21H16
Sacrificial Cow Pit 21H16

规模普遍较大，形制均为长方形竖穴土坑墓，无腰坑，普遍存在熟土二层台。墓葬皆被严重盗扰，部分墓葬盗洞多达 3 个。因盗扰原因人骨散乱，葬式不明。盗洞内发现数量较多的海贝和各种形状的蚌饰，部分墓葬盗洞内发现有破碎的陶器残片和零星车马器残片。仅在 21M5 发现墓葬一角未被盗，出土漆盾、铜铙、玉鱼、玉鸟等器物。从发掘和钻探的情况看，该墓地墓葬排列有序，有成组分布的现象。

垒子河东岸台地上发现的西周早期墓葬皆为竖穴土坑墓，近东西向，基本在 87°～93°。墓葬保存情况较好，亦未见腰坑，大部分棺椁俱全，普遍存在熟土二层台，除 22M4 外，皆无随葬器物，葬俗十分特殊。墓主葬式多样，既有仰身直肢葬，也有俯身葬和二次葬。

22M4 长约 4、宽约 2.45 米，方向 88°，墓底距地表约 3.3 米。葬具为一棺一椁，墓底东西两侧各有一根垫木，置于棺椁之下。墓内填土间歇分层夯打。夯土和未经夯打的填土交替分布。墓主头向东，面向不明，骨架保存状况差，身下有朱砂铺地。墓室椁内棺顶板上摆放随葬器物。在墓主头端两侧各置铜戈 1 件，头端右侧另有兽面铜铙 1 件；墓主胸部置玉管 2 件；上肢右侧摆放弓形器 1 件，左侧有成束的铜镞 10 枚；下肢正中有铜铙 2 件，脚端有带辔铜马具 4 套。此墓共出土各类器物 170 余件，部分车马器形制特殊，为国内既往所罕见。

以上张家洼遗址的发现表明，雪山二期至西周时期，本地有较绵长的细石器使用传统。

战国时期遗存有零星夯土残迹和灰坑、水井。水井 22H56 较有代表性。该井残留 15 节陶井圈，残深 8.25 米，井圈上部外有木框架支护。井圈外壁有较多戳印陶文，以"陶工乙""陶工尹""陶工乘"等内容为多见，部分可与燕下都同时期陶文相印证。井内填土中密集堆积有战国时期的瓦件和陶水管等建筑构件，还有完整猪骨、牛角等动物遗存。

遗址还发现殉马坑 2 座、殉牛坑 1 座。殉马坑 22H39 内殉排列整齐的四马，殉马年龄较小。殉牛坑 21H16 牛腹内有一小牛，小牛头部已在产道，不排除母牛为难产而亡的可能。

动物遗存的初步鉴定结果显示，遗址自龙山晚期起，猪、牛等动物十分常见，野生动物有一定比

例，说明在饲养家畜的同时存在狩猎行为。遗址内羊罕见，这与周邻地区同时期遗址的情况有所区别。

浮选结果显示，张家洼遗址龙山时期种植作物以粟、黍、小米为主，粟的比例更高，没有发现同时期常见的大豆。遗址有少量稻米，同时有野大豆、马唐等，栎果和葡萄属植物较多，说明采集经济仍占一定比例。稻米的发现是发掘中的重大收获，也是同时期稻米分布较北的例证。遗址内豆科杂草很多，在龙山时期的华北平原北缘地区较为少见。浮选的植物遗存显示出张家洼遗址在龙山时期整体的农业水平不高。

张家洼遗址的发掘，填补了环燕山地区新石器时代至西周时期的空白，据此可以更好地认识本地人群的变迁与流动，为研究自新石器时代末期以来当地考古学文化的演化、发展及生业经济提供了重要资料，亦为周代的国族分封、人群迁徙与土著人群的聚落差异提供了新的佐证。经发掘确认，张家洼遗址西周早期不同台地上的人群族属差别较大，其中垒子河东岸台地西周时期遗存以张家园上层文化为主，殷遗民遗存次之，典型周文化遗存十分罕见，与西岸台地西周时期遗存明显不同。由此表明，在直线距离 1.5 公里的两个台地上的同时期人群，族属可能不同。

（供稿：常怀颖　张玥凌　王迪　杨钢成）

西周早期 22M4 出土兽面铜钖
Bronze *Yang*-ornament with Beast-mask Design Unearthed from the Early Western Zhou Tomb 22M4

战国时期 22H56 井圈上陶文
Inscription on the Edge of Pottery Well Unearthed from Water Well 22H56 of the Warring States Period

战国时期 22H56 井圈上陶文
Inscription on the Edge of Pottery Well Unearthed from Water Well 22H56 of the Warring States Period

张家园上层文化 22H2 部分器物组合
Assemblage of Some Objects Unearthed from Ash Pit 22H2 of the Upper Zhangjiayuan Culture

雪山二期文化 21H7 出土陶鼎
Pottery *Ding*-tripod Unearthed from Ash Pit 21H7 of the Xueshan Culture Phase II

M13
Tomb M13

M307
Tomb M307

室，以便后期实验室清理、保护，争取最大限度地提取相关信息。

本次发掘面积约 3500 平方米，清理墓葬 1400 余座及殉马坑 1 座。墓葬之间层层叠压，墓底距地表 0.3～4.5 米。墓葬分为竖穴土坑墓和瓮棺葬两大类。竖穴土坑墓平面呈长方形，东西向，可辨识的人骨头向以西向为主。以一次葬为主，见有少量二次葬；葬式主要为仰身直肢葬，另见少量割肢葬、屈肢葬，部分人骨存在包裹现象。部分墓葬有叠葬现象，多者为 5 层，少者为 2 层，各层人骨之间间隙较小，偏上层人骨为仰身直肢葬，底层则为二次葬。根据规模和形制，可将竖穴土坑墓分为三类。

第一类为带盖顶石的大中型墓葬，面积 5～

20 平方米，多数墓葬面积 7～10 平方米。开口距地表较浅，盖顶石距地表小于 1 米。均有木葬具，但由于破坏及坍塌严重，尚未见到完整的木椁。部分墓葬可见葬具上下重叠现象，推测这类墓葬大多有棺和椁。墓内多随葬马匹，少数墓葬有完整马，多数以马头代替。随葬器物非常丰富，包括铜器、铁器、金器、陶器、玉石器、玻璃器等。金器较少，主要是各类金箔饰片。随葬陶彩绘双耳罐、大量滑石珠及马具是这类墓葬的主要特征。少数规格较高的墓葬出土器物较特殊，如 M13 等随葬成套铜纺织工具，M57 随葬小型铜车马、铜案、铜勺。

第二类为不带盖顶石的中小型墓，开口距地表 0.3～3 米，面积 1.5～5 平方米。除距地表较浅的少数墓葬外，绝大部分有木棺。随葬器物主要为铜器、陶器和石器，多见陶纺轮及石镞等兵器。M174 等少数墓葬随葬成组的石范及陶鼓风管，此类墓葬应为铸匠墓。

第三类为小型墓，开口距地表多逾 1.5 米，面积 1～4 平方米。这类墓葬未发现明显木棺，部分墓葬边缘有一周侧板，中间无底板，部分则完全无葬具的痕迹。随葬器物主要为陶器和石器，包括陶带流壶、高领壶、双耳圈足罐、纺轮和石范、砺石、磨石、石刀等。部分墓葬无随葬器物。

瓮棺葬面积小于 1 平方米。墓圹不明显，以陶乳丁瓮为葬具，瓮中或有人骨。无随葬器物。

墓地出土各类随葬器物 6000 余件（套），包括陶器、铜器、金器、铁器、银器、玻璃器、石器、骨器等，以陶器和铜器为主。陶器常见各类双耳罐，另有少量高领罐、带流壶、瓶、豆等器物。铜器种类较为丰富，主要包括戈、剑、钺、矛、臂韝、铠甲等兵器，刀、削、凿等工具，衔、当卢、镳、铃、角形饰等马具，杖首、树枝形饰、鸟形饰、圆形带饰等装饰礼仪用器等及少量纺织工具等，兵器、工具、马具数量较多。金器主要以金箔制品为主，有项饰、戒指、薄片等。铁器以铜柄铁剑为主。银器主要有手镯等。玻璃器主要为费昂斯串珠。石器主要包括砺石、刀、镞、砭针、磨石、范、臼、杵等。此外还有玛瑙珠、绿松石珠饰、滑石饰品及海贝、皮革制品等。

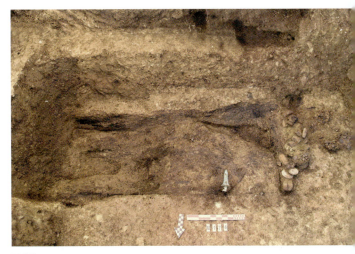

M174
Tomb M174

瓮棺葬 M193
Urn Coffin Burial M193

K12
Pit K12

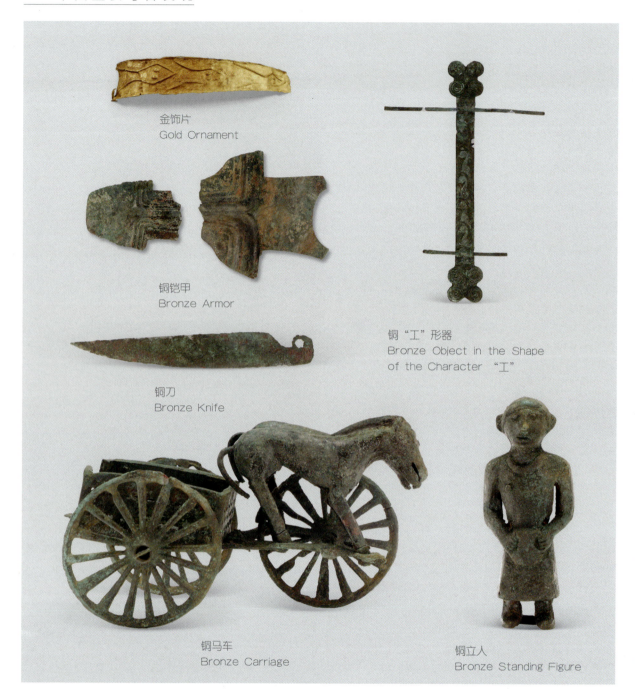

金饰片
Gold Ornament

铜铠甲
Bronze Armor

铜刀
Bronze Knife

铜"工"形器
Bronze Object in the Shape
of the Character "工"

铜马车
Bronze Carriage

铜立人
Bronze Standing Figure

目前可将老龙头墓地分为三期。

第一期为商至西周时期，主体为西周时期。墓葬形制包括窄长方形竖穴土坑墓及瓮棺葬，竖穴土坑墓多不见木葬具，随葬器物中铜器极为少见，仅见少量铜镞等。出土陶器以乳丁瓮、簋式豆、带流壶、高领罐及小双耳圈足罐为主，出土器物类型单一。另外还常见刀、镞、砭针等石器。

第二期为春秋时期。墓葬形制以长方形竖穴土坑墓为主，大多有木葬具。随葬器物以陶器、石器和铜器为主。陶器绝大多数为双耳罐，并出现连接口至腹中部的大双耳罐，另有少量带流壶、长颈罐等。石器中砺石和石范非常流行。铜器以剑、戈、刀等为主，尤以銎柄剑、管銎戈、勾矛等最具特征。

第三期为战国至西汉早期。墓葬形制包括

窄长方形竖穴土坑墓及带盖顶石的宽长方形竖穴土坑墓，墓葬规模呈现出较明显的分化，均有木葬具，少数大型墓葬有椁。随葬器物以铜器、陶器、石器、玻璃器、金器等为主，种类非常丰富。大型墓葬中随葬成套的铜纺织工具及大量车马器，另见陶彩绘双耳罐。中、小型墓葬多随葬铜兵器。

历年的发掘初步厘清了墓地中墓葬的分布与形制特征、主体年代、丧葬习俗，建立了盐源盆地青铜时代（相当于商代晚期至西汉时期）的年代框架和文化序列。该墓地独特的丧葬习俗丰富了西南地区青铜时代文化内涵，以老龙头墓地为代表的盐源青铜文化是西南地区青铜时代一支独具地域特色和鲜明时代特征的青铜文化，突显了盐源青铜文化面貌呈现出多元性与复合性的特征，实证了西南、西北地区及欧亚草原青铜文化交流、交往、交融历史。铸匠墓和丰富的青铜器的发现为川西南地区青铜时代冶铸技术系统研究提供了重要的资料。

（供稿：田剑波　周志清　刘灵鹤　孙策）

彩陶双耳罐
Painted Pottery Jar with Two Handles

陶双耳罐
Pottery Jar with Two Handles

石范
Stone Molds

石范
Stone Molds

石范
Stone Mold

费昂斯玛瑙饰
Faience Agate Ornament

铜枝形器
Bronze Branch-shaped Object

铜当卢
Bronze *Danglu-*
horse frontlet

铜枝形器
Bronze Branch-shaped Object

铜戈
Bronze *Ge*-dagger Ax

铜马衔
Bronze Horse Bit

The Laolongtou Cemetery is located in Yanyuan County in Liangshan Yi Autonomous Prefecture, Sichuan Province. From 2020 to 2022, a joint archaeological team formed by the Chengdu Institute of Cultural Relics and Archeology and other institutions excavated the cemetery and uncovered over 1,400 tombs in a 3,500 sq m area. Tombs can be distinguished into two types: vertical earthen shaft pit tombs and urn coffin burials, within which unearthed more than 6,000 pieces (sets) of artifacts, mainly bronzes and potteries, as well as objects made of gold, iron, silver, glass, stone, etc. Tombs are divided into three periods: from the Shang to Western Zhou Dynasties, the Spring and Autumn Period, and the Warring States to the early Western Han Dynasty. The excavation of the Laolongtou Cemetery established the cultural sequence of the Bronze Age in the Yanyuan Basin; besides, it reveals a unique culture of the Bronze Age in Southwest China and provides new materials for studying the formation of the plurality and unity characteristic of the Chinese civilization.

陕西旬邑
西头遗址

XITOU SITE IN XUNYI, SHAANXI

西头遗址位于陕西省咸阳市旬邑县张洪镇原底社区西侧约1公里的西头村。2018年起，西北大学、陕西省考古研究院、咸阳市文物考古研究所等单位对该遗址进行了持续性考古发掘，先后发掘南头、鱼嘴坡、尖子、上庙、斜圳五个地点，清理西周时期坑状粮仓、大型储水坑及先周时期居址等遗迹。2022年，考古队确认西头遗址商周时期遗存分布面积约200万平方米，是迄今为止泾河流域发现规模最大的商周时期聚落之一。

在遗址西侧区域发现夯土城墙、壕沟及道路遗迹。城墙多被破坏，仅留下基槽部分，多宽4～8米。对南城墙东段和西段进行解剖，其中南城墙东段基槽呈口大底小状，开口宽8.1、底宽5.5米。夯层厚1.4米，可划分为25层，夯土土色不一，主要为灰、灰褐、黄褐与棕褐色。据打破基槽的灰坑内出土遗物看，城墙在西周晚期被破坏，结合城址内遗存年代，初步判断城址的年代为西周早中期。目前已基本确认城址北、东、南三面城墙分布范围，城址面积约80万平方米。东城墙北段壕沟保存较好，宽约8、残深约2米。

在上庙墓地外围钻探确认面积约15万平方米的大型围沟。围沟平面近三角形，北侧、南侧围沟与城址东墙相接，围沟宽8～8.3、距地表3.5～4米，所见围沟长约1120米。沟内填土较为纯净，出土遗物少，通过出土陶片可判断围沟年代为商周时期。围沟内可勘探区域已发现墓葬300余座，按面积估算，围沟内墓葬应有近千座。目前已发掘中小型墓葬110座及马坑3座，年代集中在商末周初和西周中期。

"甲"字形大墓3座。M90，西向，墓道长约9、宽约3.3米，墓室长6.5、宽约5.2米。墓道内发现排列有序的殉人38具，分3层殉埋，布满整个墓道，墓室西侧二层台发现殉人5具。葬具为一棺一椁，墓室底部有腰坑，腰坑内见殉狗。出土大量海贝、蚌器、铜器残件、原始瓷器残片、骨器、石器、玉器及刻字卜骨等。墓葬年代为商末周初。M98与M90墓道相接，墓道弧曲，墓室方向与M90一致。墓道为斜坡台阶状，长7.8、宽3.1～3.4米，墓室长5.3、宽4.6、深8.3米。葬具为一棺一椁，墓室二层台残留有大量铜车马器，并见殉人2具。墓室盗扰严重，人骨不存，墓室底部有腰坑。墓室填土内有铜鼎残足、玉器、蚌器等。墓葬年代为西周早期。M99位于M98南侧，墓道长21.5、宽3.6～4米，墓室长6.6、宽3.4、深7.9米。墓道为斜坡台阶状，东端与墓室西侧二层台交界处见有

南城墙基槽内夯土堆积
Rammed Earth Accumulation in the Foundation Trench of the Southern City Wall

南北向朽木条堆积。墓道东侧有近长方形坑状遗迹，坑内底部平铺木板或席子，残存零星人骨。墓道西端发现一长方形墓圹，内有人骨1具，头东足西，推测为墓道殉人。墓室棺椁扰动严重，未见人骨。出土金箔片、铜器残片、玉器、骨器、蚌器、石器、陶器、原始瓷器及漆器。墓葬年代为西周中期。

中型墓以M109为代表。该墓为长方形竖穴

土坑墓，墓向76°。长3.6、宽约2.1、深3.78米。墓室口大底小，有生土二层台和腰坑，西壁、南壁二层台各发现殉人1具。葬具为一棺，盗扰严重，人骨被严重扰乱。出土陶器、铜器残件、骨角器、蚌贝器及玉石器等。

小型墓葬多为东西向，随葬器物较少，多见兵器及车马器。M104为竖穴土圹墓，平面呈圆角

围沟墓地已发掘墓葬航拍图
Aerial Photograph of Excavated Tombs in the Cemetery with Enclosing Ditch

M90（上为北）
Tomb M90 (Top is North)

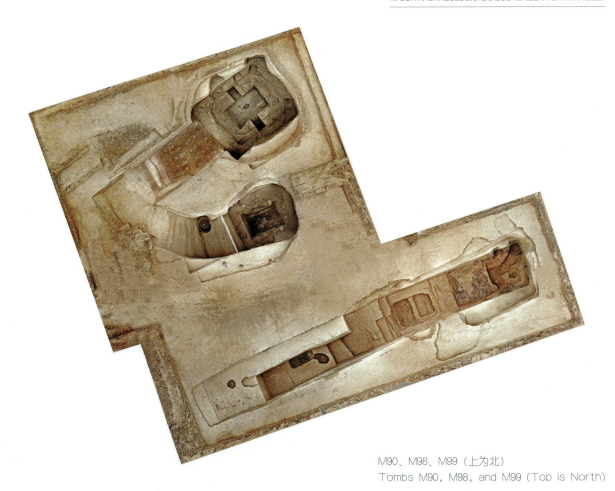

M90、M98、M99（上为北）
Tombs M90, M98, and M99 (Top is North)

长方形，方向 80°。长 2.85、宽 1.6、深约 2.13 米。墓室四周有二层台，墓底有腰坑，坑内见有碎骨渣，推测为殉狗。葬具为一棺，盗扰严重，棺内仅见少量碎骨。出土弓形器、铜甲片、铜泡、海贝等。

斜圳地点位于城址内东北部，在发掘区中部偏东区域发现大片灰烬及烧土块堆积，出土铜矿石、炼渣和炉壁残块等遗物。发现小型烧坑 6 座。SK5 平面近亚腰形，长 1.35、宽 0.83 米。两端高低不一，一端为椭圆形锅底状，深 0.28 米，壁面有明显烧结痕迹，坑底为青灰色烧结面，厚约 0.02 米；另一端平面近半圆形，较浅，坑内有火烧痕迹，未见青灰色烧结面。推测该遗迹应是与冶炼有关的残炉基。

发掘区东、西两侧发现夯土建筑基址。东侧 F1 已发掘部分平面近正方形，边长约 2.8 米。F1 表面分布有一层料姜石堆积。对 F1 进行解剖发掘，夯土厚 1.77 ~ 2.36 米，夯层较薄，为褐、黄褐、灰褐土相互叠压。底部为斜坡状。经勘探，该夯土建筑东、北两侧均有延伸。西侧夯土建筑呈长条状，已揭露部分长 17.7、宽 2.7 米，夯土厚约 0.4 米，分布范围向西、北延伸。

斜圳地点揭露的灰坑、灰沟及地层堆积中，发现大量陶瓦，以板瓦为主，见有一定数量筒瓦，陶瓦多与烧土块共出于灰坑中。从陶瓦形制及纹饰来看，其年代为西周时期。该地点冶铜和建筑基址的年代集中在西周中晚期。

西头遗址是目前泾河流域考古发现规模最大、等级最高的商周时期遗址，为区域考古研究打开了新局面。该遗址构建起区域商周时期的年代序列，为探索周文化起源与早期发展提供了新基点。遗址发现的西周时期大型城址，为"豳"地历史及王畿地区统治方式研究拓展了新路径。西周时期大型围沟墓地及高等级墓葬的发现，为揭示区域人群变迁及社会演进提供了新证据，对泾河流域聚落演进与商周社会变迁研究具有重要意义，也为寻找文献记载的西周"豳师"提供了重要线索。

（供稿：豆海锋 李晓健 种建荣 谢高文）

M90 墓道第一层殉人
The Top Layer of Human Sacrifices in Tomb M90's Passageway

M90 墓道第二层殉人
The Second Layer of Human Sacrifices in Tomb M90's Passageway

M90 墓道第三层殉人
The Third Layer of Human Sacrifices in Tomb M90's Passageway

M98
Tomb M98

M99 墓室及西侧墓道
Chamber and Western Passageway of Tomb M99

M98 墓室铜车马器出土情况
Bronze Chariot and Horse Fittings in Tomb M98 Chamber in Situ

M99 墓室骨梳出土情况
Bone Combs in Tomb M99 Chamber in Situ

M99 嵌蚌漆器出土情况
Shell-inlaid Lacquerware in Tomb M99 in Situ

M99 出土漆盘
Lacquered Plate Unearthed from Tomb M99

M104
Tomb M104

马坑 MK1
Horse Pit MK1

冶铜遗迹 K5
Copper Smelting Remains K5

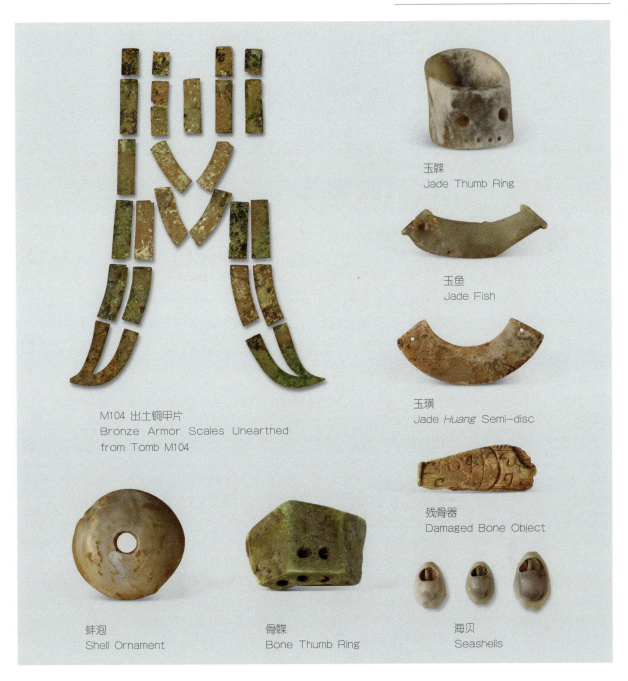

M104 出土铜甲片
Bronze Armor Scales Unearthed
from Tomb M104

玉韘
Jade Thumb Ring

玉鱼
Jade Fish

玉璜
Jade *Huang* Semi-disc

残骨器
Damaged Bone Object

蚌泡
Shell Ornament

骨韘
Bone Thumb Ring

海贝
Seashells

The Xitou Site is located in Xitou Village, Zhanghong Town, Xunyi County, Shaanxi Province. From 2018 to 2022, Northwest University and others excavated five locations (Nantou, Yuzuipo, Jianzi, Shangmiao, Xiezhen) at the site, discovered a large-scale city of the Western Zhou Dynasty, a large cemetery with enclosing ditch, building foundations, and copper smelting remains. It can be confirmed that the Shang and Zhou remains are distributed across about 2 million sq m at the site, making it the largest and highest-ranked site of the Shang and Zhou periods being excavated in the Jinghe River Basin. The site also established the archaeological chronology of the Shang and Zhou periods in this area, offering a new starting point to investigate the origin and early development of the Zhou Culture.

宁夏彭阳
姚河塬城址铸铜作坊区

BRONZE FOUNDRY ZONE AT THE YAOHEYUAN CITY SITE IN PENGYANG, NINGXIA

姚河塬城址位于宁夏回族自治区固原市彭阳县新集乡姚河村北部的一处三角形台塬地上，地处泾河上游红河段，坐落于陇山东麓的山前缓坡台地上。地势西北高、东南低，中心地理坐标为北纬35°48′10.80″，东经106°31′03.47″。2017年，宁夏文物考古研究所联合多家单位开展红河流域区域系统考古调查的过程中发现了该城址。经过多年的考古工作，确认城址面积为92万余平方米，曲尺形的壕沟和南北走向的墙体将城址分为内城和外城两部分。内城面积为52万余平方米，包括高等级墓葬区、铸铜作坊区、制陶作坊区、夯土建筑基址和小型墓葬区等区域。外城面积为40万余平方米，有灰坑、房址、窑址、窖穴、道路等遗迹，应为普通村落。整个城址水网密布，沟渠纵横。发掘出土了陶器、铜器、玉石器、骨角器、象牙器、蚌贝饰、原始瓷器、甲骨等珍贵器物。

铸铜作坊区位于姚河塬城址内城东北部、高等级墓葬区南侧、夯土建筑基址东北侧，面积约5000平方米。2017年考古勘探过程中，发现了灰坑、房址、窑址、储水池、羼和料堆积、道路等遗迹，出土大量陶范，确认该处存在铸铜活动。2018年发现并清理了窑址、房址、道路、灰坑等遗迹，出土铜渣、陶范、铸铜工具等遗物，进一步确认了铸铜作坊区的存在。2020年发掘清理了取土坑、羼和料堆积、储泥坑、水渠、踩踏面、墓葬、炉子等遗迹，完善了铸铜产业链。2021年清理了灰坑、踩踏面等遗迹，出土大量陶范、炉壁及红烧土块，还发现疑似灰坑、炉子、窑址等

遗迹。2022年发掘清理了水渠、房址、灰坑、踩踏面、墓葬等遗迹，出土陶范、动物骨骼、铜渣、蚌器、石器、陶器、骨器、炉壁、红烧土块等遗物。

铸铜作坊区的相关遗迹主要是围绕作坊区的一条东西向水渠（G2）分布，水渠沿用时间较长，存在三次清淤行为。水渠北侧主要为大型取土坑、羼和料堆积区、澄泥堆放区、储泥坑、烘范窑、临时性工棚、废弃陶范填埋坑、炉子等。从遗迹分布来看，水渠北侧是由东南向西北布设的功能区，形成一条紧凑的操作链。水渠南侧分布着多处灰坑及储水池、炉子、废弃陶范填埋坑、生产小路等遗迹。G2平面呈不规则长条形，东西向，总长352米。东端始于制陶作坊区西侧，西端靠近城墙，并以小股支流汇入护城总长河内。现已对G2中部区域进行了发掘，发掘部分长约45米。根据渠内及周边遗迹现象推测，该水渠应为铸铜相关生产及生活提供用水便利。

房址（F1）为东西向带门道的袋状半地穴式房屋。平面近圆形，有三个柱洞，室内未发现明显的踩踏面、过火面和灶一类的遗迹，推测是充当作坊区内临时性工棚或储物间。

烘范窑（Y1）形制特殊，底部有一生土棱，将其分隔为窑室和火膛两部分。窑室是掏挖生土而成，东西向，近椭圆形，坑底凹凸不平。火膛位于窑室南侧，平面近圆角长方形。

灰坑数量较多，平面多呈椭圆形，功能各有不同。H2，袋状坑，斜壁，凹底。出土大量陶片、陶范及少量动物骨骼、铜环首刀、自然石块等。H76平面呈不规则长条形，形制较铸

铸铜作坊区全景
Full View of the Bronze
Foundry Zone

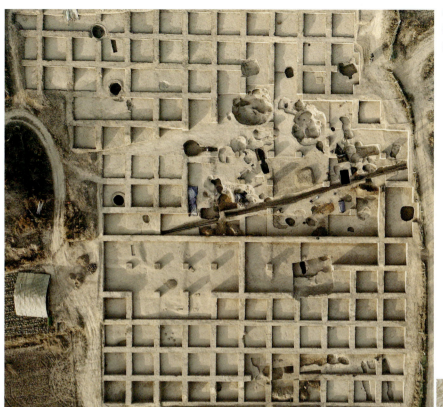

水渠南侧遗迹分布图
Distribution of the Remains on
the South Side of the Drain

水渠及周边遗迹
Drain and the Remains Surrounding

水渠淤土堆积情况
Silt Accumulation in the Drain

羼和料堆积
Accumulation of Mixed Clay

L1
Road L1

F1
House Foundation F1

炉子
Stove

铜作坊区其他灰坑略大，从遗迹现象看，该坑可能为一取土坑。H68，口小底大，弧壁，近平底。出土大量陶范、动物骨骼、铜渣、蚌片等。H73位于烘范窑南侧附近，出土大量红烧土块，可能与烘范行为存在一定联系，坑内西北部出土卜骨两块。H79出土大量大型容器陶范，推测为废弃陶范填埋坑。

炉子分布于水渠南、北两侧。LZ2平面呈圆形，仅残存底部，底面相对平整。炉内包含炭粒和红烧土颗粒。

道路主要分布于作坊区南侧。L1，东西向，路面凹凸不平，道路南北两侧边缘呈倾斜状。堆积包含少量陶片、动物骨骼、石块等。从所处位置来看，该道路应为作坊区的生产道路。

踩踏面分布于整个作坊区，形状多不规则，口部较为明显。踩踏面表面呈剥离状，层次分明，应为长时间人类活动形成。从踩踏面的分布情况看，作坊区内人群的活动范围较广。

作坊区出土的陶范、模、芯数量较多，多为型面保存较好者。主要分为容器范、模、芯，兵器范，车马器范、模、芯，工具范和纹饰范等。此外，还有陶鼓风嘴、陶坩埚残块、陶炉壁、熔炉铜渣、炉渣和铜片等熔铜遗物，刀、凿、刻针等铜器，以及骨器、玉石器和卜骨、卜甲等其他遗物。

姚河塬城址是目前西北地区首次发现的西周时期分封的诸侯国都邑城址，年代从西周早

储泥池
Mud-reserve Pool

烘范窑 Y1
Mold-drying Kiln Y1

H73 炉壁堆积情况
Accumulation of Furnace in Ash Pit H73

踩踏面
Occupation Surface

期延续到春秋早期。城内发现的铸铜作坊区，是目前所知西周早期位置最西北的一处铸铜手工业遗址。从目前勘探和发掘的情况来看，此处存在大型储水池、储泥池、窆和料坑、烘范窑、工棚、填埋陶范的废弃坑等，产业链基本完整。城址区人群复杂，据出土的陶商式簋、矮领瓮、菌首状鼓风嘴判断，姚河塬城址铸铜作坊区主要由殷遗民人群管辖，这也与高等级墓葬存在腰坑殉狗的殷遗民人群葬俗相佐证。作坊区位于内城高等级建筑区北侧和高等级墓地南侧，处于权力中枢完全控制之下，亦表明此处的统治者应是殷遗民人群。作坊区内发现较多卜骨，可能与铸铜活动期间的占卜行为有关。姚河塬城址铸铜作坊区的发掘，有助于西周铸铜技术体系及铸铜业的深入研究，为西周铸铜业中心与边缘对比研究提供了珍贵资料。

（供稿：高梦玲　马强）

H79 陶范出土情况
Pottery Molds in Ash Pit H79 in Situ

卜骨
Oracle Bone

铜镞
Bronze Arrowhead

陶容器范
Pottery Mold for Container

陶削刀范
Pottery Mold for Sharpener

陶泡饰模
Pottery Mold for Small Round Ornament

铜渣
Copper slag

陶鼓风管
Pottery Blast Pipe

The Yaoheyuan City Site is located in Yaohe Village, Xinji Township, Pengyang County, Guyuan City, Ningxia. The Ningxia Institute of Cultural Relics and Archeology and others have conducted continuous archaeological excavations on the site since 2017. The bronze foundry zone is in the northeast of the city site, where found remains of borrow pits, reserve-mud pits, accumulations of mixed clay, house foundations, mold-drying kiln, stoves, pits for abandoned pottery molds, water storage tank, drain, road, occupation surface, tombs, etc. Archaeologists also unearthed a thousand pieces of pottery molds for casting containers, chariot and horse fittings, weapons, and tools, as well as bronze foundry tools such as carving knives, sharpening stones, stone knives, and bone awls, along with other bronze foundry-related remains such as copper slags, furnaces, mold clay, and blast nozzles. The bronze foundry zone at the Yaoheyuan City Site is the most northwest site known for the bronze casting industry during the Western Zhou Dynasty. The excavation provides material for the in-depth study of the technological system and industry of bronze casting during the Western Zhou period.

山东临淄

南马坊战国大墓和车马坑

NANMAFANG GRAND TOMB AND CHARIOT AND HORSE PITS OF THE WARRING STATES PERIOD IN LINZI, SHANDONG

南马坊战国大墓位于山东省淄博市临淄区齐都镇南马坊东南墓地西南部，北距临淄齐国故城约 2 公里。为配合基本建设，山东省文物考古研究院联合临淄区文物局于 2022 年 2～11 月对该墓及其附属的两座长方形车马坑进行了发掘，获得一批重要考古发现。

南马坊大墓（编号 M1003）为一座夯土构筑的"甲"字形墓葬，墓向 186°，由墓道、墓室、椁室、陪葬坑等部分构成。封土不存，墓口南北残长 33.6、东西残宽 33.2 米。墓道位于墓室南侧中部，呈斜坡状，平面近倒梯形，南端延伸至发掘区外。墓道已发掘部分长 19、外口宽 10.8、里口宽 9.7 米。墓室平面近方形，口大底小，四壁由宽 3.3～4.2 米的夯土版筑而成。口南北长 26.6、东西宽 25.6 米。椁室位于墓室中部偏东，平面呈长方形，由双排大石块砌筑而成，以河卵石填缝，椁室顶部铺盖一层厚厚的白色蚌壳。东西长约 12.75、南北宽约 7.85 米。椁室中部有一道南北向石墙将其分成东、西两室。

椁室四周有宽大的生土二层台，其上不对称分布 9 座陪葬坑。陪葬坑平面近方形，竖穴土坑，葬具为一棺一椁，内置殉人一具。殉人多为女性，仰身直肢，普遍随葬有玛瑙、水晶等玉石佩饰，部分殉人还随葬有豆、匜等铜礼器以及马衔、马镳、车軎等铜车马器。这些殉人具有一定的等级身份，先于墓主下葬，可能是墓主生前的宠妾或近侍。

此次发掘全面、系统地揭示了南马坊大墓修

建和装饰的程序、步骤和工艺。该墓在开挖前进行了精心规划和设计。修筑墓室时，先挖一平面近方形的墓坑，在四壁预留向内斜凸的不规则形生土垛子，再在坑内版筑墓室四壁。版筑墓壁时采取集束棍夯、夹棍夹绳系板、逐层分段版筑的技术，生土垛子嵌入墓壁夯土内，直抵生土二层

墓葬正射影像图
Orthophotograph of the Tomb

71

墓室全景（南—北）
Full View of the Tomb Chamber (S-N)

椁室西壁
West Wall of the Coffin Chamber

台，起到勾连夯土、支护墓壁的作用。在墓室南壁残留两根竖立的木壁柱，中间由横木相连，可能是支撑筑板的木柱。木壁柱直径约 0.2 米，两者间距约 1.55 米。墓室四壁修筑完成后，在生土二层台上沿墓室四壁夯筑有一级宽约 0.95 米的台阶，以加固墓壁。墓室构建完成后，仿效墓主生前的宫室，对墓室进行了修整和装饰。首先将墓室壁面铲刮平整，其上涂刷一层褐色黏结层，再分别涂抹灰色澄浆细泥和白石灰各一层，使墓壁平整光滑、洁白明亮。此外，在近二层台的墓壁四周还铺挂有一层苇席，其外再挑挂一周用丝麻类织物制成的彩绘墙帷，并用圆形蚌饰进行装饰和固定。帷帐图案为横式波曲纹，用红色勾边，黑色填地，线条简洁流畅、庄雅大气。整个墓室二层台经过夯打硬化处理，台面上通铺一层席子，以便陈放随葬器物和举行丧葬仪式。

该墓由于盗扰较为严重，目前发现的随葬器物较少。墓室东南部出土铜编钟、石磬残件，西南部出土陶马若干，西北角出土陶鬲 1 件。器物出土位置显示，墓室内随葬器物可能是按器用功能分区域进行陈放的。墓室北壁和西壁下的填土中出土成束的青铜兵器，种类有戟、矛、钜等，出土时均有木柲。柲为整根圆木，截面呈扁椭圆形，其外用木皮包裹，再用织物缠绕后髹红漆，柲末端套接铜镈，长约 5.2 米。这是目前山东地区发现的数量最多、保存最完整的漆木柲。

墓室西北部填土中发现一座木构帷帐，基本保持埋葬时的原状。该建筑顶部为四面坡式，面阔两间，进深一间，由正脊、角梁、脊兽、角椽、檐枋、转角立柱、枋间立柱、地栿等部分构成。东西长约 2.5、南北宽约 1.78、残高 1.17 米。四根转角立柱与地栿通过捆绑连接，转角立柱上部斜插两根短木，形成简易斗拱，以承托檐枋。檐枋上铺设角椽，顶部覆盖一层席子，并捆扎固定。檐枋外围悬挂一周丝麻织物制成的幔头，其上点缀白色蚌环，帷架四周披挂帷幕。该木构帷帐用细木棍和方木条搭建，捆扎连接，未见铜构件，可能是专门用来随葬的明器。

大墓北部和东部约 25 米处各发现一座大型长方形车马坑，是大墓的祔葬车马坑。北部一号车

6 号陪葬坑
Accompanying Pit No. 6

马坑东西长 56、南北宽 4.1 米，西北部有长方形坡道，直抵车马坑底部，应为下葬车马的通道。一号车马坑目前已清理出车 4 辆、马 10 匹，均马在前、车在后。除 2 号车配置 4 匹马外，其余为一车两马。车均为独辀车，东西并排放置。车体结构基本完整，长方形车舆，车轮均置于轮槽内。马系杀死后埋葬，马头向南朝向大墓，马骨健壮，屈体侧卧在车辀两侧。从发掘情况看，一号车马坑下葬顺序是先将马摆放整齐，然后将车由西向东依次放入坑内，再在车马上覆盖一层席子，最后覆土夯实。

东部二号车马坑南端被汉墓打破，南北残长 24.5、东西宽 4.2 米，共埋葬车 7 辆、马 16 匹。车马南北并排放置，马头向西朝向大墓。与一号车马坑不同，二号车马坑配备有 2 辆辎重车，部分车体髹红漆，并安装有铜车器。

南马坊大墓规模宏大、建造考究、装饰华美，是目前山东地区正式发掘的规模最大的商周时期墓葬。衬葬的两座长方形车马坑是目前山东地区发掘的规模最大者，具有重要的学术价值、历史

价值和文化价值。

该墓形制独特，墓室四壁由夯土构筑，首次发现了加固墓壁的生土垛子，仿效墓主生前宫室对墓室进行了精心修整装饰，体现了"大象其生以送其死"的价值观念，深化了对齐国丧葬礼仪、墓葬建造程序和装饰艺术的认识。

生土垛子
Raw Earth Buttresses

此次发掘揭露出目前保存最好、结构最为完整的木构帷帐、大量装柲青铜兵器、排列整齐的车马阵列等一批重要遗迹现象，是齐文化考古的新突破，为研究齐国的建筑形态、车马制度以及手工业生产技术等提供了重要实物资料。

^{14}C 测年结果显示，南马坊大墓和车马坑的绝对年代为 2490 ～ 2380 +/− 30 BP。综合分析墓葬形制、出土器物、车体结构等反映的时代特征，南马坊大墓的年代应为战国早期，不晚于战国中期偏早阶段。文献记载，公元前 481 年，田成子弑齐简公而立齐平公，田氏开始逐步把持齐国朝政，至公元前 386 年，齐相田和被列为诸侯。南马坊大墓年代正处在"田氏代齐"这一历史进程的关键时期，其墓主身份为不低于上卿一级的齐国高级贵族，对研究战国时期齐国的政治格局和文化变迁具有重大意义。

（供稿：张恒　孙波　肖雨妮）

台阶夯土及接缝
Rammed Earth Step and the Seam

墓壁席痕
Mat Traces on the Tomb Wall

彩绘墙帷
Painted Wall Curtain

二层台席痕
Mat Traces on the Secondary Ledge

帷帐顶部席痕
Mat Traces on the Top of the Tent

陶鬲
Pottery *Li*-cauldron

铜匜
Bronze *Yi*-vessel

铜豆
Bronze *Dou*-stemmed

玉璜
Jade *Huang* Semi-disces

一号车马坑
Chariot and Horse Pit No.1

木构帷帐
Tent with a Wooden Frame

铜戟出土情况
Bronze Halberds in Situ

铜矛、铜钜出土情况
Bronze Spears and Bronze *Ju*-pillars in Situ

一号车马坑4号车
Chariot No. 4 in Chariot and Horse Pit No.1

漆木柲
Lacquered Wooden *Bi*-handles

The Nanmafang Grand Tomb is located in Qidu Town, Linzi District, Zibo City, Shandong Province. From February to November 2022, the Shandong Provincial Institute of Cultural Relics and Archaeology and others excavated the tomb and two large-scale chariot and horse pits associated with it. The tomb is structured in the shape of the character "甲", consisting of the tomb passage, tomb chamber, coffin chamber, accompanying pits, etc., and is about 33.6 m long from north to south and 33.2 m wide from east to west. It was constructed in an exquisite manner and delicately decorated. The tomb walls have been trimmed and painted repeatedly, hung with large areas of reed mats and painted wall curtains. The most well-preserved tent with a wooden frame and many bronze weapons installed with wooden *bi*-handles were unearthed. In addition, two rectangular chariot and horse pits were found on the north and east of the tomb. The No. 1 chariot and horse pit is 56 m long from east to west and 4.1 m wide from north to south. The No. 2 chariot and horse pit is 24.5 m long from north to south and 4.2 m wide from east to west. The Nanmafang Grand Tomb is the largest tomb of the Shang and Zhou periods officially excavated in Shandong, providing physical materials for studying the funerary ritual, values, and handicraft industries of the Qi State.

湖北云梦
郑家湖墓地

ZHENGJIAHU CEMETERY IN YUNMENG, HUBEI

郑家湖墓地位于湖北省云梦县城关镇，地处楚王城城址的东南郊，西距睡虎地墓地约3公里。2020年5月以来，为配合云梦县基本建设，经国家文物局批准，湖北省文物考古研究院与云梦县博物馆联合对该墓地进行了发掘。

墓地分为A、B、C三区。2020年发掘A、B区，共有墓葬196座，墓向以南北向为主，葬具多为单棺。随葬器物共700余件（套），多放置于壁龛或头龛。以陶器为主，组合多见鬲、盂、豆、罐，其次为鼎、敦／盒、壶等。有少量铜、玉和漆木器，铜器有剑、印章、镜等，不见铜礼器。从墓葬形制、棺椁结构及随葬器物组合看，A、B区墓葬均为公元前278年秦拔郢之后的楚人及楚遗民的小型墓葬。

2021年发掘C区，共有墓葬116座，其中14座为饱水墓葬。墓葬均不见封土和墓道，部分带有头龛，圹壁多经人工涂抹，见有3例对坍塌墓圹进行支护加固的现象。墓葬填土一般上部为五花土，下部为致密的青膏泥，饱水墓葬的青膏泥层多较厚。葬式以仰身直肢为主，个别为屈肢葬，墓向以东向为主。葬具分为一椁一棺和单棺两类，一椁一棺墓多由横梁将椁室分为棺室与头箱，或由横梁和纵梁将椁室分为棺室、头箱和边箱。部分墓葬横梁下设置有相通的板门，或同时在边箱纵梁下设置有相通的门与窗。其中2座墓的板门上有彩绘图案，1座墓的板门及边箱楣板上有彩绘图案。部分墓葬椁室无椁底板，或用几根立柱代替椁壁

云梦郑家湖考古发掘现场

C 区墓葬分布图（上为北）
Distribution of Tombs in
Area C (Top is North)

饱水墓葬（上为西）
Water-saturated Tombs
(Top is West)

板。随葬器物主要放置于头箱和边箱，带边箱的墓葬随葬器物明显更为丰富，多分两层摆放。

C 区墓葬出土随葬器物 1000 余件（套），以漆木器为主，其次为陶器，以及少量铜器、玉器、料器、竹器等。其中漆木器 400 余件（套），多集中出土于饱水墓葬中，以耳杯为主，其次为奁、盒、盂、扁壶、樽、卮、璧、匕、俑等，其中人物扁壶、双口扁壶、虎头枕、凤形勺、日月纹奁、马纹盂、耳杯盒等极具特色。陶器以日用器为主，多见缶、罐、釜、盆、甗、瓮，其中缶数量最多，多成组出现。另有少量鉴、蒜头壶及茧形壶等仿铜礼器。铜器主要有鼎、壶、钫、洗、剑、鍪、甑、盘、匜、匕、勺、镜、铃、印章等。玉器主要有剑饰、璧、珮、印章等。8 座墓葬见有殉牲，多为牲头 1 个，多放置于墓圹正中的椁盖板之上，其中 6 座殉猪头、1 座殉牛头（墓圹四角各置 1 牛蹄）、1 座殉猪头及牛头各 1 个。部分墓葬棺

内底部铺满水稻。从墓葬形制、棺椁结构、随葬器物组合、殉牲习俗看，C 区墓葬均为秦文化中小型墓葬，整体面貌与睡虎地墓地高度一致。墓葬大体可分为三个等级。第一等级墓葬共 6 座，规模较大，集中分布于 C 区西南角。葬具为一椁一棺，多设有头箱和边箱。随葬器物逾 50 件（套），有铜礼器组合和殉牲，为秦文化中型墓葬。第二等级墓葬共 7 座，一椁一棺，无边箱。随葬器物10 ～ 20 件。第三等级墓葬葬具多为单棺，随葬器物不足 10 件，多仅见陶器，为平民墓葬。第一、二等级墓主身份应略高，多为中下层贵族或下层吏士。墓主主体应与公元前 278 年秦占领安陆后的秦人及其后裔有关，年代为战国晚期至汉初。

本次考古工作还开展了多学科检测研究，包括 ^{14}C 测年、人骨考古、动物考古、植物考古（包括木材鉴定）、古 DNA 分析（包括动物）、同位素分析、残留物分析、成分分析（纺织品、金

M276 椁室（上为东）
Coffin Chamber of Tomb M276 (Top is East)

M276 殉牲与支护现象（上为西）
Animal Sacrifice and Supporting Structure in Tomb M276 (Top is West)

属器、漆器、陶器）、产地分析（料器、金属器）、工艺研究（玉器、漆器）和腹土寄生虫检测等。首次成功提取了一批人骨样品的古DNA，并通过对C区12例人骨的第一、第二、第三白齿以及肢骨或肋骨的碳、氮、氧、锶稳定同位素的系列检测，重建了个体迁徙行为和生活史，证实多数墓主来自关中及其周邻地区，清晰揭示了南北人群的密切互动，为认识当时的人群融合提供了科技支持。残留物分析表明，铜蒜头壶内液体为果酒，陶缶内液体也含有酒类有机酸。发现亚洲最早的下颌骨恶性肿瘤个体病例，填补了亚洲地区古病理学相关发现的空白。在11座墓葬中的9具人骨骶骨部位提取到鞭虫、绦虫以及肝吸虫等寄生虫虫卵，感染率达81.8%，为了解该地区古人健康状况和卫生水平提供了重要信息。

此外，还出土了一批文字材料，包括遣册、铜鼎铭文和长文木觚。战国晚期木觚全文约700字，字体是典型的秦隶，载有谋士筡游说秦王寝兵立义之辞，觚文不见于传世记载，是一篇全新的策问类文献，丰富了战国后期政治史资料，是研究当时社会思想的珍贵文本。

郑家湖墓地秦文化饱水墓葬的发现，丰富了秦墓资料。墓地出土漆器保存完好，工艺精湛，纹样独特，年代集中在秦代，为研究秦代漆器的生产、流通、工艺提供了关键材料。葬具彩绘图案年代为战国末至秦代和秦汉之际，题材均为首见，填补了

M276 头箱器物出土情况（上为西）
Artifacts in the Head Chamber of Tomb M276 in Situ (Top is West)

M225 葬具彩绘图案（上为北）
Patterns Painted on the Burial Receptacle of Tomb M225 (Top is North)

M234 葬具彩绘图案
Patterns Painted on the Burial Receptacle of
Tomb M234

M234 门板画
Paintings on Door Panels of Tomb M234

A 区 M58 出土器物组合
Assemblage of Artifacts Unearthed from Tomb M58 in Area A

M257 出土铜器组合
Bronze Assemblage Unearthed from Tomb M257

M276 出土铜器组合
Bronze Assemblage Unearthed from Tomb M276

M274 出土陶器组合
Pottery Assemblage Unearthed from Tomb M274

M277 出土陶器组合
Pottery Assemblage Unearthed from Tomb M277

秦汉绘画的材质与类型的历史空白，是中国美术史上的重要发现，对追溯中国墓葬壁画的形成有重要意义。文字材料反映了秦文化的文字演变、名物制度和青铜器流转情况，也映射了秦人的思想倾向。这些材料从实物、图像、文字多个层面展示了出关秦人的丧葬习俗、思想观念、生活状况、社会结构的历史细节以及秦楚融合的文化变迁过程。

云梦是秦人统一南方的战略要冲，郑家湖墓地与楚王城城址及其周围的睡虎地、龙岗、江郭、大坟头等墓地是一个有机整体，年代均集中在白起拔郢至汉初，墓主多为楚秦汉嬗递——秦汉帝国大一统进程重要节点的亲历者、见证者，多学科研究揭示出中国统一多民族国家最初形成的关键时期的人群迁徙与交融互动。这些材料生动展示了秦文化与楚文化逐渐融合、统一于汉文化并汇入中华文明的历史过程，为研究战国晚期至汉初中国多民族统一国家的形成、中华文明从多元一体到大一统的历史进程及其背后所反映的国家认同提供了典型个案。

（供稿：罗运兵　赵军　史德勇　张宏奎）

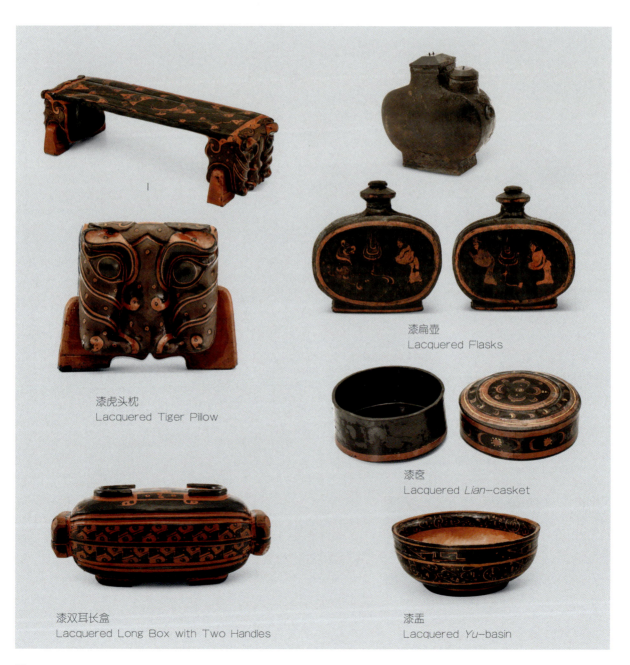

漆虎头枕
Lacquered Tiger Pillow

漆扁壶
Lacquered Flasks

漆奁
Lacquered *Lian*-casket

漆双耳长盒
Lacquered Long Box with Two Handles

漆盂
Lacquered *Yu*-basin

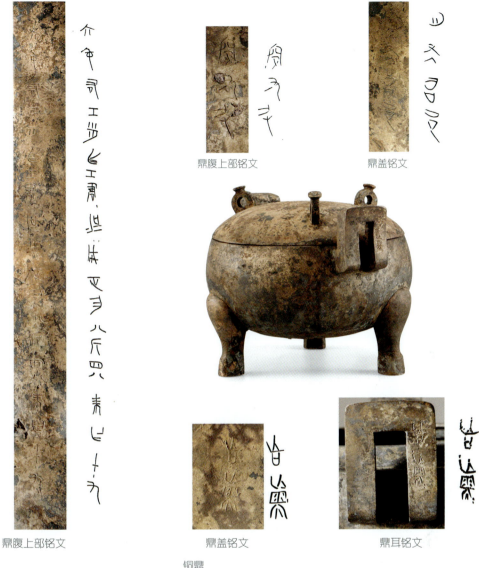

鼎腹上部铭文　　　　　　　　鼎盖铭文

鼎腹上部铭文　　　　　鼎盖铭文　　　　　鼎耳铭文

铜鼎
Bronze *Ding*—tripod

The Zhengjiahu Cemetery is located in Yunmeng County, Hubei Province, and is divided into areas A, B, and C. The Hubei Provincial Institute of Cultural Relics and Archaeology has excavated the cemetery since 2020; uncovered 196 small tombs represented the Chu Culture in the late Warring States Period in Areas A and B, 116 small- and medium-sized tombs represented the Qin Culture from the Warring States Period to the early Western Han Dynasty in Area C; 14 among them are well-preserved water-saturated tombs. The unearthed lacquered wares are well preserved with unique patterns. A wooden *gu* with long text enriches materials of the political history of the late Warring States Period. The patterns and themes painted on the burial receptacles have never been discovered anywhere before, filling the blank in materials and types of paintings in Qin and Han Dynasties. The excavation vividly demonstrates the historical process of the gradual integration of the Qin and Chu Cultures, their unification with the Han Culture and final integration into the Chinese civilization. Also, it provides crucial data for studying the formation of a multi-ethnic unified China during the late Warring States Period to the early Han Dynasty, as well as the historical process when the Chinese civilization developed from diversity to unification.

西藏山南
结桑墓地

JIESANG CEMETERY IN SHANNAN, TIBET

结桑墓地位于西藏自治区山南市乃东区结巴乡格桑村一组，地处象山东麓山脚下的缓坡地带，地理坐标为北纬 29°23′57″，东经 91°50′18″，海拔 3685 米。墓地所在的温曲河谷为雅鲁藏布江中游北岸的一条开阔河谷，与雅隆河谷隔雅鲁藏布江而望，历史悠久，自然环境优越。墓地呈近南北向的条形分布，长约 570、宽 5～60 米，总面积约 1.5 万平方米。

1984 年，西藏文物普查队在当地调查时确认该墓地，共发现墓葬 15 座，对其中 3 座进行了发掘，出土骨镯 1 件。为厘清结桑墓地的范围、年代和内涵等基本信息，在西藏文物局的组织安排下，经国家文物局批准，2022 年 7～8 月，西藏文物保护研究所、四川大学考古文博学院、山南市文物局、乃东区文物局组成联合考古队，对结桑墓地进行了考古发掘。

本次发掘采用探方法进行，在墓地西南端设立了永久基点。因地形等限制，不保留隔梁，而是设立若干关键柱以控制地层。在墓地南部居中区域一处保存较好的缓坡地带集中布设 5 米 ×5 米探方 17 个，其中仅 6 个探方完整，其余探方因位于断坎而不完整。发掘总面积约 300 平方米，清理墓葬 40 座。发掘区地层可分 9 层，均为坡状堆积。其中大部分墓葬开口于第⑤层下，少数墓葬开口于第⑥、⑧、⑨层下。墓葬分布较为密集，存在小聚集的特征，可能经过一定规划。墓葬类型多样，以土坑石室墓为主，另有少量洞室墓和石棺墓。大部分墓葬的墓向一致，呈西北—东南向。葬式基本相同，主要为屈肢葬，个别存在二次葬现象，说明当时已经形成了较为稳定的丧葬传统。出土器物包括陶器 29 件、铜器 14 件、铁器 10 件、玉石器 6 件以及珠饰 1681 颗。其中陶

发掘区全景
Full View of the Excavation Area

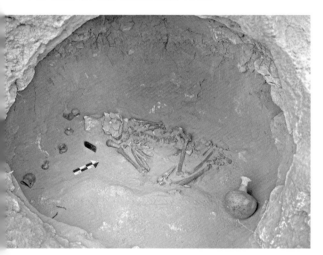

M9
Tomb M9

M17 石棺
Stone Coffin in Tomb M17

M35 人骨出土情况
Human Skeleton in Tomb M35 in Situ

器颇具区域特色，与山南地区既往发掘和征集的陶器类似。随葬器物主要出土于洞室墓，土坑石室墓和石棺墓随葬器物很少或无。从层位关系、墓葬类型和随葬器物的风格和特征来看，洞室墓和土坑石室墓的年代可能存在一些差异，但整体年代一致，应为周、秦、汉时期，属于西藏地区的早期金属时代。

此外，联合考古队对结桑墓地所在的温曲河谷进行了区域调查，新发现墓地 3 处、岩画点 1 处和冶铜遗址 1 处，不仅丰富了该区域古代遗存的类型和数量，而且也有助于更好地了解结桑墓地的周邻遗存状况。

M39
Tomb M39

M7 石盖板上的积石
Stone Accumulation on the Stone Coffin Cover of
Tomb M7

M39 石盖板
Stone Coffin Cover of Tomb M39

M33
Tomb M33

M33 石盖板
Stone Coffin Cover of Tomb M33

本年度的发掘工作初步厘清了结桑墓地的范围、内涵和年代等基本信息。结桑墓地的发掘，为认识西藏中部地区周、秦、汉时期的社会历史文化提供了重要资料。在丧葬习俗方面，该区域流行石室墓，同时也有洞室墓，葬式多为屈肢葬；在社会发展方面，西藏中部地区在周、秦、汉时期已经使用铁器和铜器，进入了早期金属时代；在文化交流方面，该墓地呈现出的丧葬习俗和出土的随葬器物可以反映该区域与西藏东部乃至南亚等周邻地区之间的联系。

洞室墓中出土有一组石祖形器和锛形器，此类组合在山南地区较为常见，已经是一种较普遍的文化现象。这类石器制作精美，非实用器，很可能是一类礼仪性或宗教性的器物。其中石祖形器可能是一种造型特殊的权杖头，具有域外文化因素，锛形器是中国内地的一种传统器物，这两种器物共出于结桑墓地的同一座墓葬中，说明在很早阶段就有来自不同区域的文化在西藏腹心地区交流融合。

从结桑墓地表现出的丧葬文化，以及出土陶

M37
Tomb M37

器的类型和特点来看，至迟在战国秦汉时期，包括拉萨、山南在内的西藏中部地区已经形成了一个共同的文化区，表现为相同的丧葬习俗和相似的器物形制。这与文献记载该区域作为吐蕃王朝兴起之地的时间接近，对探索吐蕃文化起源等重大历史问题具有重要的意义。

（供稿：扎西次仁　李帅　杨锋）

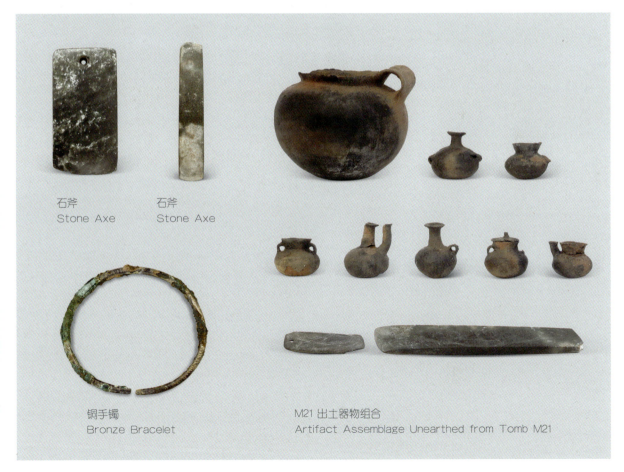

石斧
Stone Axe

石斧
Stone Axe

铜手镯
Bronze Bracelet

M21 出土器物组合
Artifact Assemblage Unearthed from Tomb M21

铜条饰
Bonze Strips

石磨盘、石杵
Stone Quern and Roller

陶单耳带流罐
Single-handled Pottery Jar with Spout

铜轮形饰
Bronze Wheel-shaped Ornaments

陶双耳罐
Pottery Jar with Two Handles

陶细颈带流罐
Narrow Neck Pottery Jar with Spout

陶细颈罐
Narrow Neck Pottery Jar

The Jiesang Cemetery is located in Gesang Village, Jieba Township, Naidong District, Shannan City, Tibet Autonomous Region. Received approval from the National Cultural Heritage Administration, from July to August 2022, a joint archaeological team formed by the Tibetan Cultural Relics Conservation Institute and others excavated 40 tombs within a 300 sq m area. Mainly are earthen pit stone chamber tombs, with a small number of cave chamber tombs and stone coffin tombs. They are primarily flexed burials, arranged in a constant direction and clustered in small groups, demonstrating the corresponding funeral traditions. The majority of artifacts were unearthed from the cave chamber tombs, including 29 potteries, 14 bronzes, 10 iron wares, 6 jades, and 1,681 beads. The cemetery can be dated to the Zhou, Qin, and Han periods, belonging to the early Metal Age of Tibet. This is a significant prehistoric cemetery in central Tibet, placing great value in establishing the chronological framework and cultural sequence of central Tibet Archaeology and exploring the origin of the Tubo Culture.

新疆温泉呼斯塔遗址核心区墓地 2021～2022 年发掘收获

EXCAVATION RESULTS OF THE CEMETERY IN THE CORE AREA OF HUSTA SITE IN WENQUAN, XINJIANG IN 2021-2022

呼斯塔遗址位于呼斯塔草原，地处阿拉套山南麓，西南距新疆温泉县城约 40 公里。自 2016 年起，中国社会科学院考古研究所与新疆文物考古研究所在此进行了持续性考古工作。调查和发掘表明，呼斯塔遗址是一处由核心区内面积近 5 万平方米的城址、墓地，以及核心区以外其他遗迹构成的青铜时代超大型聚落。

墓地东北距城址约 400 米，并以一条季节性

Z1、Z2 发掘前情况（上为北）
Mounds Z1 and Z2 before the Excavation (Top is North)

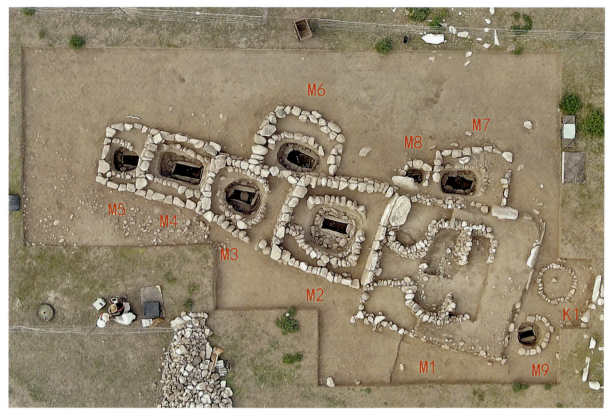

Z1M1 ~ M9、K1（上为北）
Tombs M1-M9 and Pit K1 in Mound Z1 (Top is North)

河流为界与城址相隔。墓地东西长 100、南北宽 50 米，地表可见石围封土冢墓十余座。2021 年发掘的 1 号冢（Z1）与 2022 年发掘的 2 号冢（Z2）相邻，均位于墓地西部。

Z1 呈长条形，东西向，由 9 座连体墓葬及 1 座独立的祭祀坑组成。M1 位于 Z1 东端，系石围竖穴土坑石棺墓，平面呈方形，东西向，面积约 32 平方米。虽已遭扰动，但结构保存相对完整。其墓上建筑与城址内的房屋相似，由"石包土"墙围成带有出入口的"居室"，中部一道象征性的隔墙（起建于墓室内石棺盖板上）将"居室"分为前后两个小室。墓室开口于"居室"内的地面上，墓室底部并列三座石棺，石棺内发现有少量烧骨。

M2 ~ M9 与 M1 结构相似，但更简化，规模更小。其中，M2 ~ M5 首尾相连成排，接建于 M1 西侧，M6 ~ M8 接建于 M1 ~ M5 组合体的北侧，M9 接建于 M1 的东侧。M2 为火葬墓，M3 ~ M7 为成人土葬墓，M8、M9 为幼儿土葬墓。在这些墓葬当中，M2 ~ M7 均

遭扰动，M8、M9 保存完好。M8、M9 葬式分别为头向西的俯身屈肢葬和头向西的左侧身屈肢葬。

K1 保存完好，位于 M1 东侧，独立于 M1 ~ M9 组合体之外，且形制有所不同。土坑外围有圆形石圈，土坑上部正中栽埋一根石柱，底部设一石棺，内葬一头向西、右侧身屈肢的幼儿。

Z2 位于 Z1 东部，为单体石围墓，平面呈方形，东西向，面积约 24 平方米。在石围中部偏西位置的地面上并立两座石棺。石围及石棺均遭扰动，石板残块及砾石散落于四周，石棺内仅发现少量烧骨。此外，西围栏中部的缺口处埋一头向北、左侧身屈肢的幼儿，这与城址区房屋门道内及院门处埋人的现象相同，因此 Z2 亦有可能系对房屋建筑的模仿。

Z1 与 Z2 相邻，二者的年代和文化属性相同，但形制不同。这或许与其模仿不同形式的房屋建筑有关。Z1 诸墓石围为较厚的"石包土"墙，各墓可相互联结为建筑群，且石棺在地下，有可能模仿土石结构的半地穴式房屋。Z2 为单层石围，

系单体建筑，且石棺在地表，有可能模仿毡木结构的地面式房屋。前者见于城址内的居址群，而后者尚未见于呼斯塔遗址。

Z1、Z2的大多数墓葬，除墓室、石棺遭扰动之外，墓上结构亦遭严重破坏，如部分墓围石板被有意拔除、打碎等，据此可以判断Z1、Z2遭扰动的现象应与盗墓行为无关。Z1、Z2墓围之外的"封土"由原在墓围内的土石及石围石板残块等构成，部分石块散落在墓围之外的原始地表上，据此可以推断Z1、Z2最初仅在墓围之内存在封土，且扰动的行为似发生在Z1、Z2建成后不久。另外值得注意的是，Z1的全部幼儿墓，以及Z2西围栏中部埋葬的幼儿，均未遭扰动。这些现象均指明此处曾经发生过故意毁墓行为，其或是特定的风俗习惯，或是与某种敌对行为有关。

虽然大部分墓葬遭严重扰乱，但Z1、Z2仍出土了一批珍贵遗物，包括压印三角纹、"卍"字纹的陶罐以及釉砂珠、铜泡等。

Z1、Z2与城址位置邻近、年代相同，墓葬结构与城址内的房屋相似，因此很有可能为与城址相对应的墓地，为探索呼斯塔聚落的布局以及社会组织形态提供了材料。呼斯塔遗址核心区墓地Z1、Z2的发掘，丰富了对西天山地区公元前2千纪上半叶青铜时代遗存的认识。特别是压印"卍"字纹陶器的发现，以及首次对以Z1M1为代表的房屋式墓葬结构的揭示，对理解西天山乃至欧亚草原东部地区的同类文

Z2西围栏内侧出土幼儿骨骼（上为南）
Baby's Skeleton Unearthed Inside the West Enclosure of Mound Z2 (Top is South)

化遗存具有重要意义，并为探讨该类遗存的来龙去脉以及与其他考古学文化的关系提供了关键线索。

（供稿：王鹏　艾婉乔　文臻）

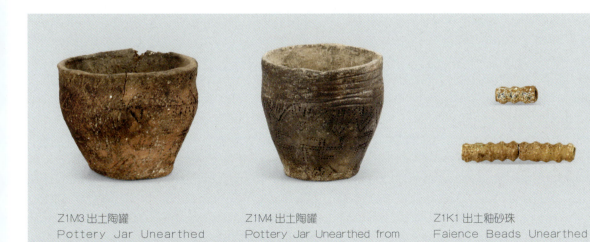

Z1M3出土陶罐
Pottery Jar Unearthed from Tomb M3 in Mound Z1

Z1M4出土陶罐
Pottery Jar Unearthed from Tomb M4 in Mound Z1

Z1K1出土釉砂珠
Faience Beads Unearthed from Pit K1 in Mound Z1

Z1M1（上为西）
Tomb M1 in Mound Z1 (Top is West)

Z1M1（西—东）
Tomb M1 in Mound Z1 (W—E)

Z1K1（东—西）
Pit K1 in Mound Z1 (E—W)

Z2（上为南）
Mound Z2 (Top is South)

The Husta Site is located in the Husta Grassland at the southern foot of the Alatau Mountains, about 40 km northeast of Wenquan County in Xinjiang. The Institute of Archeology of the Chinese Academy of Social Sciences and the Xinjiang Institute of Cultural Relics and Archeology have conducted successive archaeological work at the site since 2016. Based on surveys and excavations, the site is an enormous Bronze Age settlement consisting of the city site and cemetery distributed in a nearly 50,000 sq m area in the core area, as well as other remains beyond the core area. Mound 1, excavated in 2021, is in an east-west elongated shape comprising nine conjoined tombs and one sacrificial pit. Mound 2, excavated in 2022, is in the east of Mound 1 and is a single tomb enclosed by stones. From tombs unearthed pottery jars impressed with triangular pattern and swastika pattern, faience beads, bronze *pao*-ornaments, etc. Mound 1 and Mound 2 are close to the city site and belong to the same period; the tombs share a similar structure with the houses found in the city site; thus, they were probably used in the corresponding period.

北京通州路县故城遗址 2022 年发掘收获

EXCAVATION RESULTS OF LUXIAN ANCIENT CITY SITE IN TONGZHOU, BEIJING IN 2022

路县故城遗址位于北京市通州区原潞城镇的西北部、北京城市副中心行政办公区的北部，是一处以路县城址为核心，由城址本体（城墙、城壕及其围合区域）、城郊遗址区和城外墓葬区等构成的大遗址。该遗址自 2016 年正式开展考古工作至今，已发掘遗址面积 5 万余平方米，清理战国至明清时期墓葬 9800 余座，钻探城址本体面积约 27 万平方米。根据考古工作的收获，结合文献史料的记载，判定路县故城作为渔阳郡下辖的县级治所，两汉、魏晋是其主要使用时期。2022 年 6 ～ 9 月，经国家文物局批准，北京市考古研究院（北京市文化遗产研究院）在北京城市副中心行政办公区水系（镜河北段）及东侧工程项目用地范围内进行了考古发掘。发掘区东为景行路，南邻兆善大街，西为临镜路，北邻潞源北街，位于路县故城城郊遗址区内的东南部，北距南城墙基址 380 ～ 530 米。发掘区东南角的地理坐标为北纬 39°54′38.26″，东经 116°43′15.95″。

本次发掘，清理两汉、魏晋时期制陶作坊遗址 1 处、水井 16 口、房址 5 座、钱币窖藏 1 座、灰坑 240 个、道路 11 条、沟渠 6 条等。根据遗迹的性质、功能、空间位置、相互组合关系以及出土器物等，初步推断该区域是一处以手工业生产为主的遗址区。在其中 3 口水井（J48、J57、J58）中，出土了一定数量的竹木简牍，是路县故城遗址考古中的首次发现。

J48 开口于第⑤层（东汉地层）下，井口距地表 2.3 米，平面呈圆形。水井由外土圹和内井体两部分组成。土圹开口直径 5.5、底部直径 2.3、深 6.7 米。圹壁较为光滑，距开口 0.45 ～ 1.75 米处发现有工具挖掘痕迹和圆形柱洞遗迹。土圹内的中部为砖木混构砌筑而成的井体，口小底大，上圆下方。井体的中上部用青砖砌筑，开口直径 0.6 米。青砖共 67 层，第 1 ～ 58 层为平砖上下错缝砌筑，高 3.8 米；第 59 ～ 67 层为卧砖上下对缝或错缝砌筑，高 1.35 米。砖砌井体内壁规整光滑，外壁缝隙较大，砖与砖之间没有黏合材料，部分填充陶片。砖砌井体之下为木构方形井盘，内边长 0.95 ～ 1、外边长 1.08 ～ 1.26、高 1.5 ～ 1.55 米。木构井盘残存木板 9 或 10 层，主要以榫卯方式搭建而成。东壁、西壁的木板左右两端为方形或长方形卯眼，南壁、北壁的木板左右两端为长方形凸榫。每层木板的卯口宽度大于榫头宽度，二者于交角处结合后的缝隙较大。其中以最底层的木板最高、最厚、保存状况最好。木板的内壁较为光滑、平直，明显经过加工和修整。多数木板的外壁弧度明显且较为粗糙，尚保留有树皮。在井盘外侧的中下部，发现一周苇束遗存，糟朽较为严重，对局部进行了提取。根据其痕迹，推测原本分段、成捆堆放。J48 内出土了陶罐、铜镞、铜铃、铜弩机、炼渣、铁钩、明化和五铢铜钱以及封泥匣、木牍、木质穿带印、板栗外壳、桃核等。

J48 木构井盘
Wooden Wellhead of Well J48

J48 西壁苇束遗存
Remains of Reed Bundles on the West Wall of Well J48

J57 木构井盘
Wooden Wellhead of Well J57

封泥匣1件（J48：1-1），基本完整。木质、红色、平面呈长方形。正面有三道凹槽，背面为中部略高、两侧稍低的弧形。长6.5～6.9、宽6.1、厚2～2.1厘米。朱书木牍1件（J48：1-2），基本完整，平面呈长方形。正面为朱书隶书，背面无字。长21.3、宽4.2厘米。穿带印1件（J48：3），保存完好。木质、黑色、平面呈正方形，印体两侧有一贯通的圆形穿孔。一面为阳文"高迁印信"，另一面为阴文"臣迁"。边长2.5、高1.4厘米。

J57位于J48西北部，直线距离33米。J57打破其东侧的西汉时期水井J60，被其北侧的J56打破。J57由外土圹和内井体两部分组成。土圹开口平面近椭圆形，东西长4、南北宽2.58、深4.72米。井体上部已被全部破坏，仅存木构方形井盘，东部略高，西北稍低。内边长0.8～0.85、外边长0.97～1.03、高1.37～1.51米。井盘残存木板东壁和南壁各7层，西壁和北壁各8层。每层木板的两端以榫卯结构相搭接，其间用木楔加固。井盘外西侧残存一列卧砌青砖。井内堆积分层较明显，主要可分为3层。第①层为黄褐色，夹杂细沙，土质疏松，含陶片、砖块等。第②层为青黑色，夹杂细沙，土质较硬且黏性较大，出土有木简、木封泥匣、竹簸箕、陶罐、铁钩、半两和五铢铜钱以及一定数量的板栗外壳、桃核、杏核、菱角外皮、甜瓜籽粒等植物遗存。木简残破较为严重。封泥匣1件（J57：4），保存基本完整。木质、黄色、平面呈长方形，纵截面呈"凹"字形。正面有三道凹槽，背面平整。长3.7～3.9、宽2.9、厚1.4厘米。

J58位于J57东侧略偏南，直线距离62米。J58开口于第⑤层下，井口距地表2.38米，平面呈圆形。该井结构与J48基本相同，土圹开口直径5.05、底部直径2.11、深5.59～5.67米。井体的中上部用青砖砌筑，上窄下宽，上圆下方，开口直径0.71、下部边长1.09～1.13、深4.66～4.73米。砖砌井体之下为木构方形井盘，北高南低，内边长1.11～1.23、外边长1.15～1.27、高0.73～1.01米。井盘东壁平砌木板4层，高0.73米；南壁平砌木板3层，高0.75米；西壁平砌木板4层，高1.01米；北壁立置木板3块，高0.95～0.98米。其中，东、南、西各层木板的两端以榫卯结构相搭接。井盘底部有竹席痕迹，内侧四角各有一个锥状木棍用以加固井盘。J58内出土了陶罐、陶纺轮、陶圆饼、铜镞、铜戒指、铁钩、铁桶、铁环、铁削刀、五铢铜钱以及骨簪、木梳、竹席、漆木盘、竹木简牍、板栗外壳、桃核等。人形木牍1件（J57：8），基本完整。上部为人形，下部为长方形。正面上部画一站立人物图形，下部为墨书文字；背面有墨书文字。长20.4、

宽3.7～3.9厘米。诏令竹简1件（J57：9），基本完整，平面近长方形。正面首部为网格纹，下部正中有一圆形穿孔。正面首题"制诏御史"，文字为墨书并线刻而成；背面无字。该简所记内容为《景帝令二千石修职诏》，见于《汉书·景帝本纪》。

J57 木简出土情况
Wooden Slip in Well J57 in Situ

J57 木简出土情况
Wooden Slip in Well J57 in Situ

J58 木器出土情况
Wooden ware in Well J58 in Situ

J58 漆木盘出土情况
Lacquered Wooden Plate in Well J58 in Situ

J58 竹席残片
Fragment of Bamboo Mat Unearthed from Well J58

J57 陶罐出土情况
Pottery Jars in Well J57 in Situ

J58
Well J58

杏核
Apricot Nuclei

桃核
Peach Pits

板栗外壳
Chestnut Shells

菱角外壳
Water Chestnut Shells

综合水井的开口层位、形制、结构、同出器物以及简牍的形制、字体等情况，推断这批简牍时代均为东汉时期。简牍的书体有隶书、行书和草书三种，内容涉及宗教、簿籍、诏令等。此次出土的竹木简牍，是路县故城遗址，乃至北京地区汉代遗址中首次发现，丰富了路城及北京汉代考古的内容，为了解和研究汉代路城及北京提供了重要的文字资料。特别是其中的朱书木牍、人形木牍和诏令竹简等，对于认识本土宗教仪式的形态、思想意识的传播和中央政令的下达等，具有重要价值。

（供稿：孙勐　申红宝）

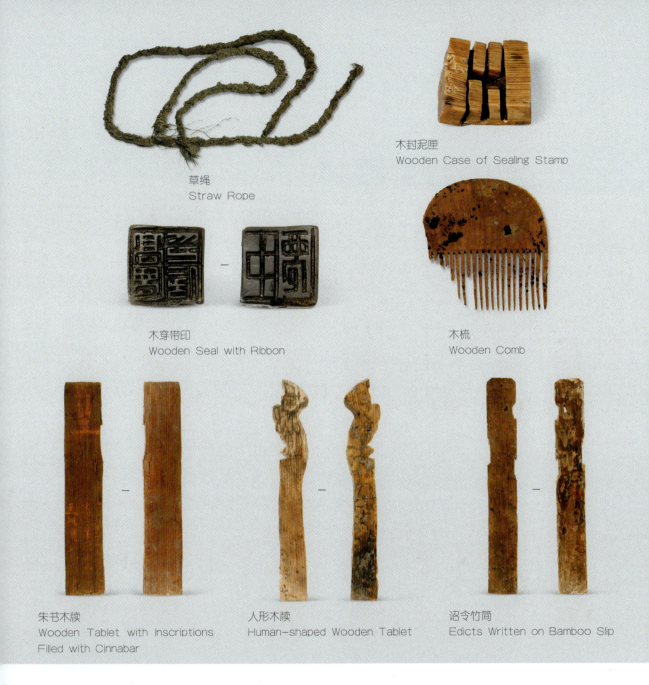

草绳
Straw Rope

木封泥匣
Wooden Case of Sealing Stamp

木穿带印
Wooden Seal with Ribbon

木梳
Wooden Comb

朱书木牍
Wooden Tablet with Inscriptions Filled with Cinnabar

人形木牍
Human-shaped Wooden Tablet

诏令竹简
Edicts Written on Bamboo Slip

From June to September 2022, the Beijing Municipal Institute of Archaeology excavated a site that features handicraft production in the southeast of the area of remains on the outskirts of the Luxian Ancient City in Tongzhou, Beijing. Some bamboo and wooden slips and other objects were discovered in three wells (J48, J57, J58). Bamboo slips were suggested to date back to the Eastern Han Dynasty based on the wells' horizon, form, and structure, as well as the forms of unearthed artifacts and the inscriptions on bamboo slips. Texts were written in three script styles: clerical script, semi-cursive script, and cursive script, with contents involving religion, account books, edicts, etc. Bamboo and wooden slips of the Han Dynasty have never been discovered in the Luxian Ancient City Site and even the Beijing area before. Therefore, it enriched the archaeological materials of Lu City in the Han Dynasty, especially providing crucial written materials to understand and study Beijing and Lu City in the Han Dynasty.

广西合浦
望牛岭墓地

WANGNIULING CEMETERY IN HEPU, GUANGXI

望牛岭墓地位于广西壮族自治区北海市合浦县，是全国重点文物保护单位——合浦汉墓群的重要组成部分，西北距两汉合浦郡故城——草鞋村遗址 2.2 公里。1971 年，考古单位曾发掘望牛岭西汉墓 M1 墓室和 M2。2020～2022 年，为配合"海上丝绸之路"申遗和望牛岭 M1 保护展示工作，广西文物保护与考古研究所、中山大学对望牛岭墓地进行了发掘，解剖西汉墓群封土堆 1 座，清理封土堆范围内及周围的汉晋墓 24 座，其中封土堆范围内西汉墓 13 座、东汉墓 1 座，封土堆周围西汉墓 9 座、晋墓 1 座。晋墓位于封土堆东侧，为小型砖室墓。

墓群封土堆范围内是庸氏家族墓地。封土营筑于西汉晚期，为一次性分层堆筑而成，底平面呈"凸"字形，面积约 3029 平方米。封土堆主体呈方形，边长 54、中部残高 3.6 米。封土堆范围内共发现汉墓 16 座、长沟（G1）1 条、长方形坑 2 个（K1、K2）、灶 1 座（Z1）以及若干柱洞。墓葬包括西汉墓 15 座（M1、M2、M4～M16，M7 和 M8 预留作为展示暂未清理），均在封土之下；东汉墓 1 座（M17），打破封土。G1 横截面呈 U 形，长方形坑均未出土器物，灶上并置灶眼 3 个。

在营筑墓群封土堆之前，部分西汉墓已筑有独立的小封土堆，墓群封土直接覆盖于小封土堆之上。墓葬形制分为竖穴土坑墓和木椁墓两类，木椁墓分为不带墓道和带墓道两型。竖穴土坑墓和不带墓道木椁墓规格较小、随葬器物较少、年代较早，最小的竖穴土坑墓（M10）仅发现一件陶罐。墓向分为西南向和西北向两类，西南向的 14 座墓多数排列有序，西北向的 2 座墓（M15、M17）集中分布在墓群封土堆西南部。人骨、棺、椁及漆木器、丝织品、编织物等器物多已朽化。

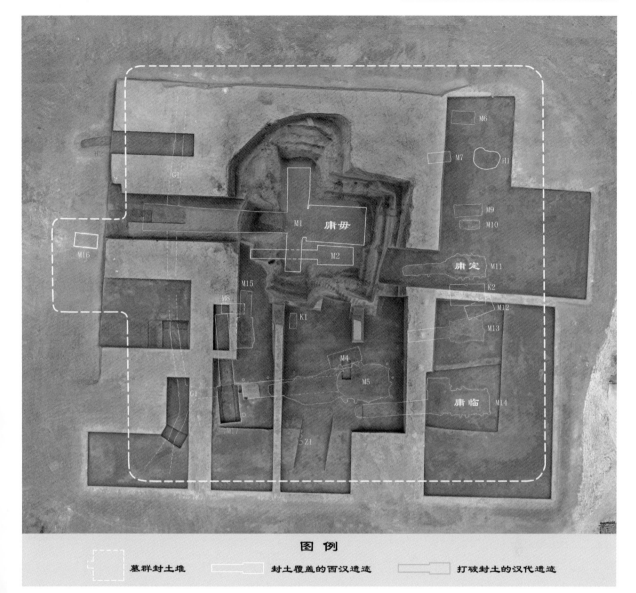

墓群封土堆范围内汉墓正射影像（上为北）
Orthophotograph of the Han Dynasty Tombs Under the Earthen Mound (Top is Northwest)

有两组西汉墓存在打破关系，即 M1 南耳室打破 M2 墓道、M15 墓道打破 M8 一端上部。此外，封土堆范围内各遗迹之间的打破关系还有 M1、M5、M17 分别打破 G1，K2 打破 M12，M5 二次开挖时打破墓群封土，M5 封土及墓道填土，M17 打破墓群封土堆。另外，相邻的墓葬，由于下葬时间不同，较晚开掘的墓穴，有的打破相邻墓葬的封土，或者掘出来的土叠压在相邻墓葬的封土之上。

M1 为带墓道分室木椁墓，是合浦汉墓群中已发掘的规格最高、随葬器物最丰富的西汉墓。墓葬位于墓群封土堆西北部，上方有高逾 0.8 米的小封土堆。墓向 236°，平面呈"十"字形，由墓道、甬道、主室、北耳室、南耳室组成。全长 28.5、最宽 14 米，面积约 130 平方米。主室深 5.2、椁高 2.3 米。墓道为斜坡式，坡面有棺枢车轮痕迹。主室置棺，北耳室置车马器，南耳室置仓储器等。出土金器、铜器、铁器、陶器、漆器、玉石器、珠饰品等随葬器物 245 件（套），其中有铭文的器物包括"庸毋印"龟纽琥珀印、"九真府"和"九真府□器"款陶提筒、"阮"和"大"铭金饼等。综合墓葬规格、形制、随葬器物等判断，墓主"庸毋"生前曾在九真郡（今越南清化）担任要职，死后归葬合浦。

墓群封土堆剖面
Section of the Earthen Mound

M1
Tomb M1

M5 为带墓道竖穴木椁墓，位于墓群封土堆南部，上方有高 0.85 米的小封土堆。墓向 228°，平面呈"凸"字形，由斜坡墓道和墓室组成。墓道长 12.6、宽 1.8 米，墓室长 6.1、宽 3.64、深 5.1 米，全长 18.7 米。墓室底部残存部分椁板痕迹，未见随葬器物。M5 规格仅次于 M1，与 M1 并行排列，两墓构筑时间接近，墓深基本一致。

合浦汉墓群中常见并列的同茔异穴夫妻合葬墓，M1、M5 最初的设计可能也是如此，但 M5 墓道及上方封土有重新挖开的痕迹，椁室未见器物。推测为迁葬现象，这在广西汉墓中是首次发现。

M11 为带墓道竖穴木椁墓，位于墓群封土堆东中部，上方有高 0.7 米的小封土堆。墓向 230°，平面呈"凸"字形，由斜坡墓道和墓室组成。

M5
Tomb M5

M11
Tomb M11

M14

Tomb M14

M14 陶罐内出土贝壳

Shells in the Pottery Jar Unearthed from Tomb M14

M14 陶盒内出土稻谷

Grains in the Pottery Box Unearthed from Tomb M14

全长10.6米。墓道长6.16、宽1.5米，墓室长4.44、宽2.7、深3.25米，椁高1.9米。出土陶器、铜器、铁器、玉石器、珠饰品等随葬器物28件（套），其中有两枚印章，一枚为凫纽玉印，印文为"庸定"，另一枚为20字铜书简印，印文为"庸敫私印，宜身至前，迫事毋闲，唯君自发，记信封完"，这是目前所见字数最多的西汉书简印，墓主应名"定"，字"敫"。

M14为带墓道分室木椁墓，位于墓群封土堆东南部，上方有高1米的小封土堆。墓向229°，由斜坡墓道、主室、耳室组成，全长17.2米。墓道长12.2、宽1.78米。主室长5、宽3、深3.9

米，有曲尺形生土二层台。耳室位于墓道底端左侧，长2.92、宽2.04、深3.35米。主室置棺，耳室置车马器等。椁室四壁由圆形条木并排竖立构筑而成。出土铜器、铁器、陶器、漆器、玉石器、珠饰品等随葬器物81件（套），其中有一枚铜印，印文为"庸临"。

M16为不带墓道竖穴木椁墓，位于墓群封土堆向西凸出部分。墓向240°，平面呈长方形，长3.3、宽2.2、深2米，底中部有一个长方形浅坑。出土陶器、铜器等随葬器物12件。

M17为带墓道竖穴木椁墓，是唯一一座打破墓群封土堆的汉墓，位于封土西南部空余位置。

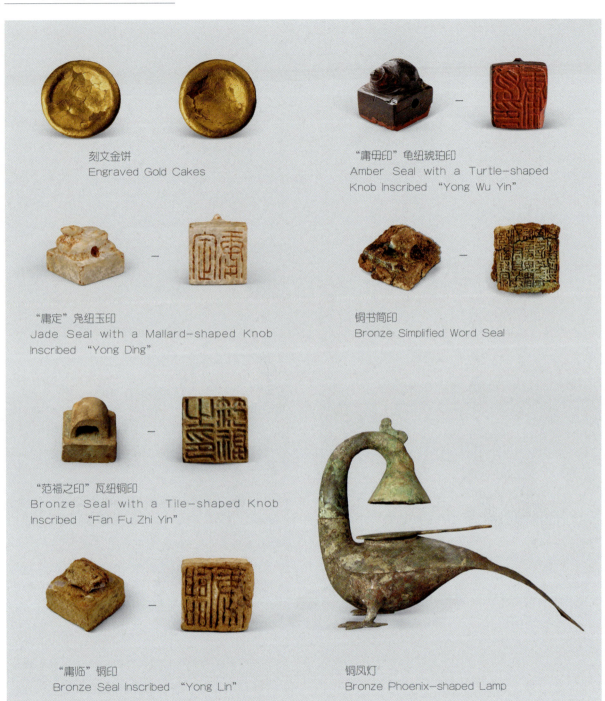

刻文金饼
Engraved Gold Cakes

"庸毋印"龟纽琥珀印
Amber Seal with a Turtle-shaped
Knob Inscribed "Yong Wu Yin"

"庸定"凫纽玉印
Jade Seal with a Mallard-shaped Knob
Inscribed "Yong Ding"

铜书简印
Bronze Simplified Word Seal

"范福之印"瓦纽铜印
Bronze Seal with a Tile-shaped Knob
Inscribed "Fan Fu Zhi Yin"

"庸临"铜印
Bronze Seal Inscribed "Yong Lin"

铜凤灯
Bronze Phoenix-shaped Lamp

墓向 319°，平面呈"凸"字形，由斜坡墓道和墓室组成。墓道长 9.3、宽 1.65 米，墓室长 4.8、宽 2.7、残深 1.98 米，全长 14.1 米。墓葬打破墓群封土并深入生土 1.05 米。出土金器、银器、珠饰品、铜器、陶器、铁器、漆器等随葬器物 47件（套）。

墓群封土堆周围清理 9 座西汉墓，形制亦分为竖穴土坑墓和木椁墓两类，其中 M26 为小型竖穴土坑墓，M23、M25 为不带墓道的小型木椁墓，M18 ～ M22、M27 为带斜坡式或阶梯式墓道的中小型木椁墓。M25 位于墓群封土堆东侧，长 3.4、宽 2.1、残深 1.4 米。出土陶器、铜器、铁器、银器等随葬器物9件，其中有一枚瓦纽铜印，印文为"范福之印"。

望牛岭汉墓出土随葬器物包括陶器、铜器、铁器、金器、银器、漆器、玉石器、玻璃器、珠饰品等，还有丝绸、竹编、果实、稻谷、贝壳、燃料等残留物。M1、M2、M11～M15、M19～M21、M25各出土铁剑一把，配有金饰片、玉剑格、玛瑙剑璏和串珠等饰件。珠饰品中珠子单颗数量逾3000粒，材质有金、银、琉璃、水晶、玛瑙、琥珀、红玉髓、绿柱石等，形状有胜形、花球形、瓜棱形、葫芦形、算珠形、胆形等。

同一封土下多座墓葬组成的庸氏家族墓地为岭南地区首次发现，为探讨汉代墓葬制度增添了重要材料。墓葬年代从西汉延续至东汉初期，规格从小型发展到大中型，形制和器物演变脉络清晰，对于系统梳理合浦汉墓发展规律、深入探究汉代合浦乃至岭南地区文明进程具有重要价值和意义。望牛岭汉墓的发现，拓展了合浦汉墓群的文化内涵，突显了合浦在汉代海上丝绸之路的特殊位置，印证了《汉书》等关于汉代以合浦为支点经略岭南及海外的记载，反映出汉代在秦统一岭南之后进一步强化了南部边地的管辖治理，为维护国家统一、铸牢民族共同体意识做出了重要贡献。

（供稿：梁香连　张潇　蒙长旺）

铜仓
Bronze Granary

M17出土陶器组合
Pottery Assemblage Unearthed from Tomb M17

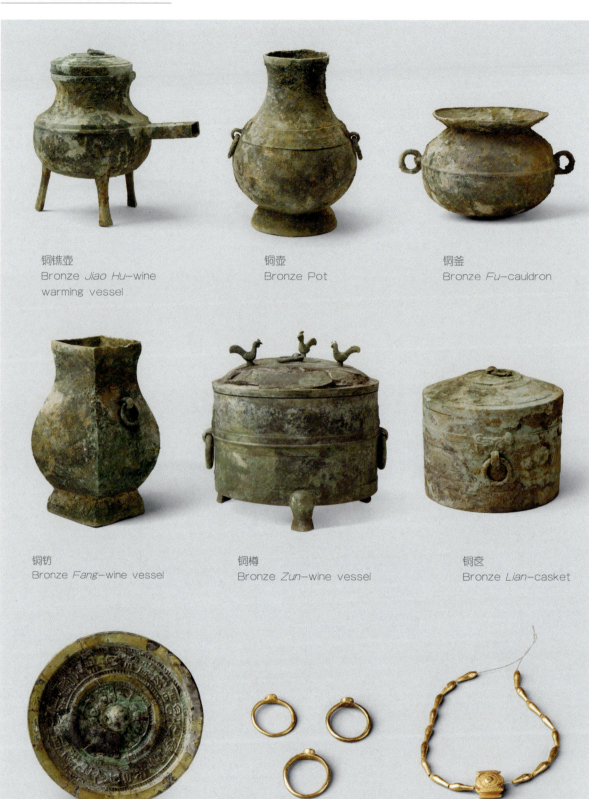

铜镳壶
Bronze *Jiao Hu*-wine
warming vessel

铜壶
Bronze Pot

铜釜
Bronze *Fu*-cauldron

铜钫
Bronze *Fang*-wine vessel

铜樽
Bronze *Zun*-wine vessel

铜奁
Bronze *Lian*-casket

铜镜
Bronze Mirror

金戒指
Gold Rings

金串饰
Gold Beaded Ornament

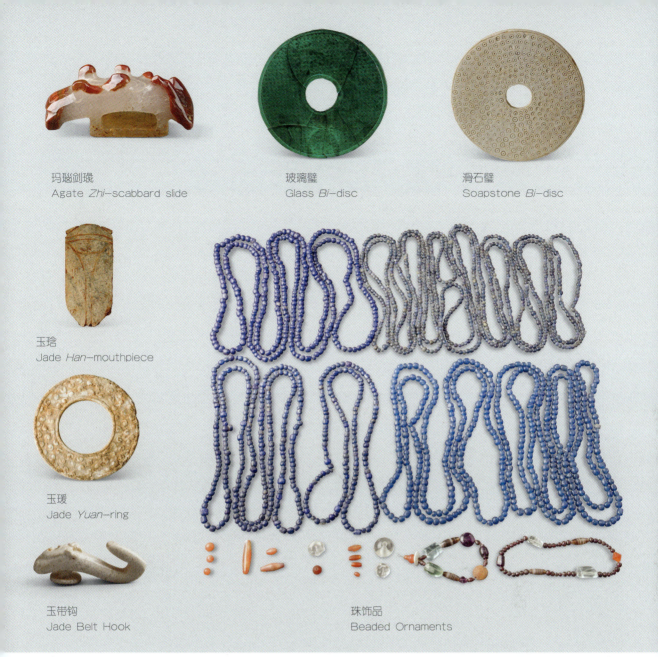

玛瑙剑璏
Agate *Zhi*–scabbard slide

玻璃璧
Glass *Bi*–disc

滑石璧
Soapstone *Bi*–disc

玉琀
Jade *Han*–mouthpiece

玉瑗
Jade *Yuan*–ring

玉带钩
Jade Belt Hook

珠饰品
Beaded Ornaments

The Wangniuling Cemetery is located in Hepu County, Beihai City, Guangxi Zhuang Autonomous Region. From 2020 to 2022, the Guangxi Institute of Cultural Relics Protection and Archaeology and others excavated the cemetery, dissected an earthen mound of the Western Han Dynasty, and uncovered 24 tombs. 13 Western Han tombs and 1 Eastern Han tomb were found under the mound; 9 Western Han tombs and 1 tomb of the Jin Dynasty were discovered surrounding the mound. The tombs-contained earthen mound was constructed in late Western Han, approximately square-shaped, and the bottom layout is in the shape of the character " 凸 ".

The side length is 54 m and remained 3.6 m in height in the central part, covering about 3,029 sq m. Unearthed grave goods including potteries, bronzes, ironware, goldware, silverware, lacquerware, jades, glassware, beaded ornaments, etc. According to the unearthed seals, the extent under the mound is the cemetery of the Yong family. It is the first time that discovered several tombs buried within one single earthen mound in the Lingnan region, enriched materials of Han's funeral system. Moreover, the discovery of the Wangniuling Han Cemetery also highlights the unique status of Hepu on the Maritime Silk Road during the Han Dynasty.

云南昆明
晋宁区河泊所遗址

HEBOSUO SITE IN JINNING DISTRICT, KUNMING, YUNNAN

河泊所遗址位于云南省昆明市晋宁区上蒜镇河泊所村，地处滇池东南岸冲积平原。遗址发现于1958年，当时被认为是新石器时代遗址。2014年起，经国家文物局批准，云南省文物考古研究所在此区域进行了系统的考古勘探及发掘工作，初步查明河泊所遗址群分布面积12平方公里，核心区面积4平方公里。遗址以河泊所、石寨山为核心，外围边界北起梁王山，南达龙潭山，中

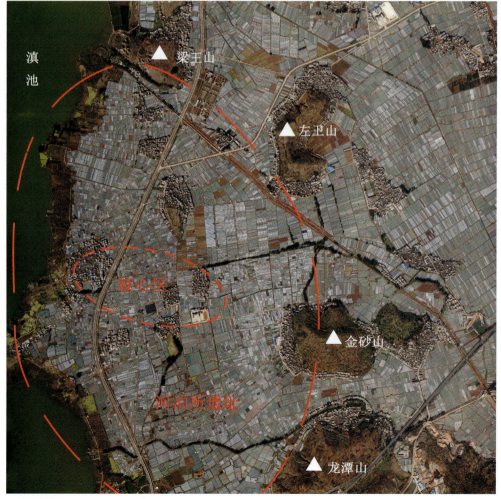

遗址全景（上为北）
Full View of the
Site (Top is
North)

南侧建筑基址基槽剖面
Profile of the Foundation Trench of the Southern Building Foundation

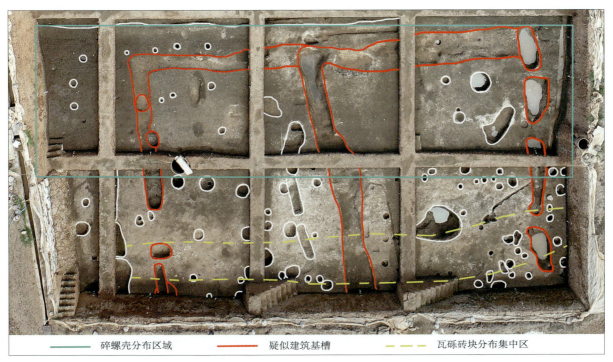

━━━ 碎螺壳分布区域　　　━━━ 疑似建筑基槽　　　━ ━ ━ 瓦砾砖块分布集中区

南侧建筑基址（上为北）
Southern Building Foundation (Top is North)

间经左卫山、金砂山，形成弧形圈。先后发掘地点 9 处，清理面积 7000 余平方米，揭露以早于滇文化、滇文化、两汉三个时期为主的灰坑、房址、沟、水井、河道、灰烬、墓葬等遗迹。2019 年，河泊所遗址被公布为全国重点文物保护单位。

2021 ～ 2022 年，云南省文物考古研究所和晋宁区文物管理所继续进行发掘工作，发掘面积 2600 平方米。清理建筑基址、道路等遗迹，出土建筑构件、封泥、简牍等。

发掘区南、北两侧各发现一处疑似建筑基槽。以南侧为例，揭露部分平面呈长方形，东西长约 30 米，面积约 450 平方米。基槽底部有红烧土烧结面，可能是人为烧制，起到加固地基的作用。基槽北部有一层碎螺壳堆积，厚约 0.03 米，碎螺壳细碎均匀，表面干净平坦，应为人为铺垫形成的活动面。活动面与建筑基槽范围基本一致，推测可能为建筑的附属设施。在建筑基槽南部有集中分布的瓦砾及砖块，可能是房屋坍塌之后的遗留。采集遗物以瓦砾、砖块、瓦当等建筑构件为主，从部分完整者来看，筒瓦和板瓦尺寸较大，长度可达 50 厘米，重达 4 千克。部分瓦当和砖块纹饰考究。瓦当当面均为圆形，有涂朱现象，纹饰以卷云纹为主，部分当面有文字。花纹砖以菱格纹为主，也有少量文字砖。这些建筑构件的发现，表明发掘区或附近应该存在体量大、等级高的建筑遗存。

道路位于北部发掘区中央，东西走向。路面由绳纹瓦片、碎陶片及小石子铺设而成，局

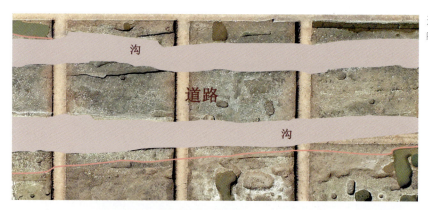

道路（上为北）
Road (Top is North)

出土封泥的灰烬堆积（上为南）
Ash Accumulation Unearthed
Sealing Stamps (Top is South)

部板结成块，较为坚硬。南北两侧均被晚期沟打破，原路面宽约 12 米，中间残存主体路面宽 4～5 米。主体部分分层明显，为多次铺垫形成。道路尚未全部发掘，仅揭露出路面。路面出土有铜拴、泡钉、盖弓帽、箭镞等车马器及兵器。

出土封泥 837 枚，以官印封泥为主，共 358 枚。印文包括"益州""楗为"等郡级区划和益州郡下辖的 20 个县级区划名称，涉及太守、长史、长、令、丞、尉、仓等职官名称。其次为私印封泥，如"宋虞之印""君冯私印"等，这些封泥与官印封泥同出，表明私印的主人可能是当时的各级官员。另有少量道教封泥及无字封泥。封泥大部分出土于北部发掘区古河道废弃堆积中，其中又以河道边缘的数层灰烬堆最为集中。封泥恰好在燃烧时发生陶化，从而被保留下来。

道路路面
Road Surface

出土简牍的灰坑（H18）
Ash Pit H18 Unearthed Bamboo and Wooden Slips

瓦当
Tile-ends

封泥
Sealing Stamps

出土一批汉代简牍，其中有字简牍1000余枚，无字简牍约1万枚，另出土有封泥匣和疑似蘸水笔等遗物。简牍内容包括文告、往来文书、司法文书、户版、名籍、书信和典籍，涉及政区建置、职官制度、赋役制度、司法制度、民族关系、交通状况等，具有极高的史料价值和学术意义。由"滇池以亭行""始元四年十月丙戌朔辛丑史李时敢言之……赋十月十五日薄一编敢言之""建伶髡钳吴屯代杨闵""律令……"等内容推测，这批简牍可能是公文书。

河泊所遗址较高等级建筑遗存、道路以及简牍、封泥等重要文书资料的发现，充分说明此处应为一处官署遗址，或为汉代益州郡郡治。遗址出土的封泥和简牍是西南地区目前出土数量最多

的一批汉代文字资料，为研究汉代西南边疆治理提供了直接证据。封泥记录的汉代西南边疆职官体系以及简牍记录的政治、军事、律法、经济等内容等均为首次发现，弥补了汉代史书关于西南边疆历史记载的不足，对考古学、历史学、文献学、军事史等方面研究具有重要的学术价值，同时证明了从西汉时期起中央政府即对边疆云南地区实施了有效的治理和管辖。河泊所遗址多年系统的考古工作构建了云南滇中地区自商周至秦汉的完整考古学文化序列，揭示了边疆云南地区从多元走向一体、最终融入中华统一多民族国家的历史发展进程，对凝聚中华民族共同体意识做出了云南贡献。

（供稿：蒋志龙 谢霍敏 杨薇）

砖
Bricks

板瓦
Flat Tile

筒瓦
Semi-cylindrical Tile

简牍
Bamboo and Wooden Slips

The Hebosuo Site is located in Hebosuo Village, Shangsuan Town, Jinning District, Kunming City, Yunnan Province. From 2021 to 2022, the Yunnan Provincial Institute of Cultural Relics and Archeology and the Cultural Relics Administration of Jinning District excavated the site, with a total area of 2,600 sq m. Two building foundations were found. The one on the south is about 450 sq m, where unearthed delicately decorated tile-ends and bricks, suggesting the existence of high-level architecture. The unearthed 837 sealing stamps were mainly officially used, involving names of 20 county-level divisions under the jurisdiction of Yizhou Commandery. More than 1,000 pieces with inscriptions among the unearthed bamboo and wooden slips of the Han Dynasty, which functioned as documents, household registrations, name directories, letters, and books, embodying significant historical values. This excavation established a complete archaeological sequence from the Shang and Zhou to the Qin and Han periods in central Yunnan, revealing its development process in history from diversity to integration and finally merging into a united multi-ethnic country of China.

汉长安城兆伦锺官铸钱遗址
2021 ～ 2022 年发掘收获

EXCAVATION RESULTS OF THE ZHONGGUAN COIN CASTING SITE IN CHANG'AN CITY OF THE HAN DYNASTY IN ZHAOLUN IN 2021-2022

锺官秦代就有设置，掌管锺、鼎等青铜彝器的铸造。西汉及新莽时期继续设置，是主管钱币铸造的重要机构。遗址位于今陕西省西咸新区沣西新城大王街道兆伦村一带，东北距西安市中心约26公里。遗址发现于20世纪50年代末，90年代确认为锺官铸钱遗址，2001年被国务院公布为第五批全国重点文物保护单位。

自2015年底开始，中国社会科学院考古研究所汉长安城工作队与西安市文物保护考古研究院联合组队对遗址进行考古勘探和发掘，以究明遗址的范围、布局与文化内涵等，为保护规划的编制和遗址保护工作提供基础资料。

近七年的考古成果表明，锺官铸钱遗址南北长逾2500、东西宽逾1600米，由南、北两部分组成。南部为一古代城址，南北长约1500、东西宽约1100米，应是文献记载中的锺官城。北部为钱范分布区，南北长逾1200、东西宽逾700米，中、南部钱范分布较为密集，中部有一环壕遗存，壕内面积约10万平方米。环壕之内发现有灰坑、窑址、水井、房址、水渠、冶铸遗迹等，各类钱范残块等遗物遍布，可能是铸钱的主要工作区。

2021 ～ 2022 年的主要发掘地点位于兆伦村

2021 ～ 2022 年发掘区南部全景（上为西）
Full View of the Southern Part of the 2021-2022 Excavation Area (Top is West)

灰坑 H105（南—北）
Ash Pit H105 (S-N)

灰坑 H106 及其内短墙（西—东）
Ash Pit H106 and the Inner Parapet (W-E)

房址 F1（西北—东南）
House Foundation F1 (NW-SE)

房址 F2（南—北）
House Foundation F2 (S-N)

烘范窑 Y4（西北—东南）
Mold-drying Kiln Y4 (NW-SE)

钱范箍砌水井 J5（东—西）
Water Well J5 Built with Coin Molds (E-W)

东北约 1100 米处的环壕北部，分为北区和南区两部分，共布探方 18 个，其中北区 8 个（编号 T1 ～ T8），南区 10 个（编号 T9 ～ T18），发掘面积共计 1700 余平方米。此外，还在锺官城内北城墙东端附近南侧开一南北向探沟，发掘面积 10 平方米。发掘工作始自 2021 年 3 月，至 2022 年 9 月结束，清理汉代及新莽时期灰坑 110 余个、房址 3 座、窑址 11 座、井 18 口、砖池 1 处、水渠 1 条及冶铸遗迹 3 处，另有铺砖或铺钱范的地面多处。

灰坑数量众多，形制不同，大小各异。平面多呈圆形或椭圆形，少数为方形或长方形；以直壁为主，个别斜壁；以平底为主，少量圜底。多数灰坑壁及底部不甚规整，没有明显人工加工痕迹，可能属于取土坑之类。较多灰坑成组布置，两个以上为一组，局部重合，又有所打破，在底部形成一个或多个二层台，似为在一定时期内多次挖掘的结果。个别灰坑形制规整，壁及底部加工痕迹明显，坑内有大量黄色细泥或细沙分布，其功能可能与制范过程中的澄泥工序有关。还有一些灰坑底部有用废弃钱范垒砌的短墙，性质与功能有待进一步的工作来究明。

房址平面多呈长方形，有地面建筑，也有地下或半地下建筑。有的房址地面有铺地板的迹象，底部分布有木灰、铁渣等，一角还有一水井，似乎与某种铁器加工活动有关。有的房址由木槽构成杠架，其间柱洞密布，多口水井分布其间，形制十分复杂。另外，还有个别灰坑形制规整，壁、底平直，底部有五花土踩踏面或铺砖面，可能也是被破坏的半地下房址的残部。

窑址可分两类。一类数量较多，规模较大，窑床平面呈长方形，火膛平面呈梯形，前室形状不规则，堆积中包含大量各类钱范残块，应是烘烤钱范的烘范窑；另一类规模较小，窑床上有用废弃钱范砌筑的火道，填土中有数量较多的陶质鼓风管，应是专门烧制鼓风管的窑址。

井发现 18 口，平面多呈圆形，个别为方形，基本直壁，平底。有的井壁上有脚窝，可能是储存物品的窖穴。还有一井，四壁用经过挑选、相对完好的钱范箍砌，形制规整且精致。有时两口或三口水井集中分布，废毁程度不一，似有先后开挖、不同时期使用的迹象。

和冶铸相关的遗迹共 3 处。第一处平面呈圆形，直壁，平底，底部有一道东西向凹槽，中间隔断，底部及周壁均有火烧痕迹。第二处平面呈长方形，直壁，平底，东部有一椭圆形小坑，坑壁有明显的火烧痕迹，西部低于东部约 0.25 米，中部有一圆形小洞。第三处规模巨大，平面呈长方形，西部并排多道东西向的灰槽，其上火烧痕迹明显，并分布有柱洞，东部为一圆形大坑，底部及壁上有火烧痕迹，底部还有铺砖。此类遗迹在汉长安城的同类遗址中属首次发现，具体性质和功能尚待考证。

水渠 1 条，呈南北向长条形，斜壁，平底，北高南低，南与一汉代水井相接，北至发掘区北缘。

水池 1 处，平面呈方形，直壁，平底。底部平铺完整的背面钱范，四壁亦立砌背面钱范。

另外，发掘区内，在灰坑、窑址、房址、疑似冶铸遗迹等之外广泛分布有一层五花土堆积，土质较为致密、坚硬，夹杂有较多料姜石碎块，

冶铸遗迹 H11（北—南）
Smelting Remains H11 (N–S)

冶铸遗迹 H12（西南—东北）
Smelting Remains H12 (SW–NE)

水渠（北—南）
Drain (N–S)

冶铸遗迹 H100（西南—东北）
Smelting Remains H100 (SW–NE)

水池（南—北）
Pool (S–N)

可能和晾晒钱范坯有关。

锺官城内探沟的发掘表明，这一带的地层堆积分为5层，其中第⑤层为文化层，其下即为生土。该文化层为黄色黏土，土质较致密、坚硬，包含少量西汉中晚期及新莽时期的钱范残块和板瓦残片，说明这一古代城址的始建年代应为西汉中晚期及新莽时期。

本次发掘出土器物有板瓦、筒瓦、瓦当、坩埚、陶支垫、鼓风管等，均为西汉及新莽时期的遗物；各类钱范出土数量庞大，多是铸造铜子范的母范，种类有五铢、大泉五十、小泉直一、契刀五百、一刀平五千等，还有大量铸钱用的背面范。除此之外，还出土了大量铜钱，除五铢外，还有货布、大泉五十、契刀五百、一刀平五千等。

综上所述，兆伦铸钱遗址北部清理了烘范窑、房址、水井、灰坑和疑似冶铸遗迹等，出土大量钱范等遗物，是锺官铸钱工作的主要场所，时代为西汉中期至新莽时期；南部锺官城的时代和北部基本相同，为西汉中晚期至新莽时期。

根据文献记载，锺官在武帝元鼎二年（前115年）时开始铸行赤仄五铢，元鼎四年（前113年）后与技巧、六厩合称"上林三官"，成为铸造三官五铢的专门机构。成帝建始二年（前31年）以后，技巧、六厩裁撤，锺官成为全国唯一的合法铸钱部门，直至王莽败亡（23年）。锺官铸钱历时一百余年，铸钱以亿万计，为当时的社会经济发展做出了重要贡献。截至目前，技巧和六厩的地望还在讨论之中，锺官是唯一一处已确认的汉代及新莽时期铸钱遗址，其发掘和研究对于古代货币史、经济史及社会史均具有重要意义。

（供稿：张建锋　刘振东　徐龙国）

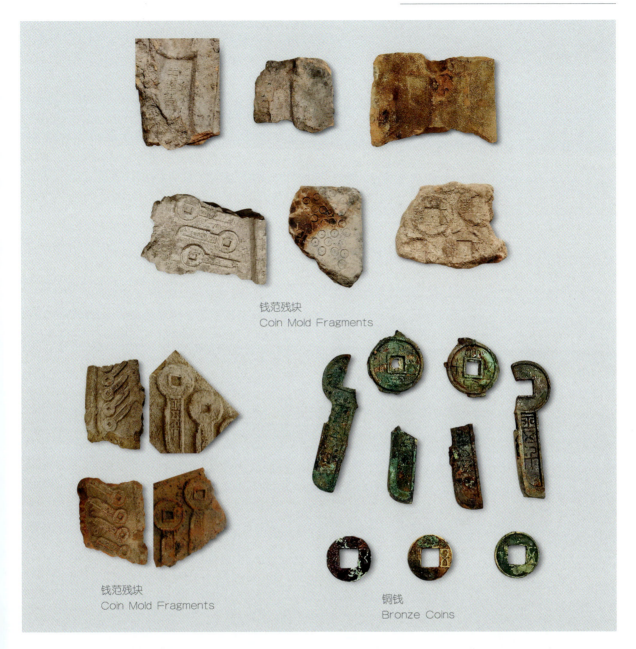

钱范残块
Coin Mold Fragments

钱范残块
Coin Mold Fragments

铜钱
Bronze Coins

Zhongguan was a significant organization for coin casting in the Western Han and Xin Dynasties. The site is located in Zhaolun Village, Dawang Street, Fengxi New City, Xixian New District, Shaanxi Province; more than 2,500 m long from north to south and 1,600 m wide from east to west, and divided into southern and northern parts. From 2021 to 2022, the Han Chang'an City Archaeological Team of the Institute of Archaeology, Chinese Academy of Social Sciences, excavated the site. Archaeologists discovered mold-drying kilns, house foundations, water wells, ash pits, and suspected smelting remains in the northern part and unearthed a large number of coin molds and other artifacts. The excavation shows that the site's northern part was the principal coin-casting workplace of Zhongguan, dating back from the middle of Western Han to Xin Dynasty; the southern part was Zhongguan City, at the same age as the northern part. The Zhongguan Site is the only confirmed coin-casting site belonging to the Han and Xin Dynasties. The excavation and following research play a significant role in fields of ancient monetary history, economic history, and social history.

西安杜城
秦汉手工业作坊遗址

HANDICRAFT WORKSHOP SITE OF THE QIN AND HAN
DYNASTIES IN DUCHENG, XI'AN

杜城秦汉手工业作坊遗址，地处古泬水以东、凤栖原以西、杜门大道以南，与汉长安城杜门（覆盎门）南北相望，处于杜县范围内，位于今陕西省西安市雁塔区杜城村西北。以往曾在杜城村周邻区域的多个地点发现了数千座战国至秦汉时期的中小型墓葬，特别是 20 世纪 70 年代，在该村以北 1.5 公里的北沈家桥出土了著名的杜虎符。

2021 年，陕西省考古研究院在皂河东岸、杜城村西发掘了一处规模较大的西汉铸铁作坊遗址，发现了大量与熔铁浇铸活动密切相关的遗迹与遗物，并发现了数十例戳印有"杜亭""杜市"陶文的陶器。2022 年，沿着这一线索，陕西省考古研究院又在杜城村北发现了较多与制陶有关的遗存，经过对遗址的全面发掘与对陶窑残次品的研究，确认其为一处西汉制陶作坊遗址。此外，

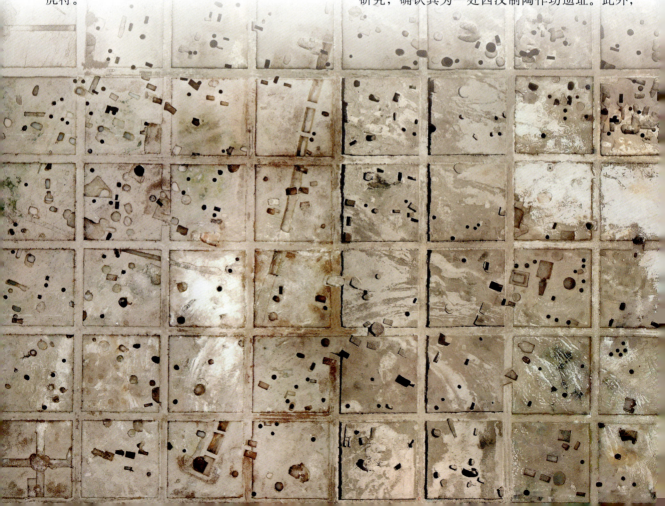

其他考古单位也在杜城村北的周邻区域发现了较多西汉时期的陶窑、灰坑等遗迹。这些作坊遗址时代相近、成片分布，具有一定的功能分区特征。因此，这几处作坊遗址很可能共同隶属于与秦汉杜县密切相关的地方性官营"手工业园区"。

陕西省考古研究院对该遗址进行的发掘，根据调查勘探结果与实际发掘情况，按照主要遗存的性质差异，可初步划分为Ⅰ、Ⅱ两个区域。

Ⅰ区位于发掘区西南部，发现的1座熔铁炉炉基、15个陶范堆积坑及大量水井和灰坑等遗迹，均与熔铁浇铸活动密切相关。熔炉现存炉底为圆形，其外部以耐火砖砌筑，内部用耐火涂料制作炉衬。陶范堆积坑平面形状有圆形和方形两种，包含物较为单纯，主要为废弃陶范、炉渣和少量瓦片。水井遍布Ⅰ区，较为密集，均为圆形，直径约1米，少数井采用砖券或陶井圈加固。灰坑平面形状主要有圆形和圆角长方形两种，以前者居多。水井与灰坑均出土大量板瓦、筒瓦、陶范及炉渣等遗物。该区域内还发现有一些沙坑和沙地遗迹，与陶范堆积坑紧密分布，推测性质可能为制范和铸造场地。

上述遗迹中出土了大量陶范及模、炼渣或炉渣、炉壁残块、鼓风管、残铁块、废铁器等与铸铁相关的遗物。陶范主要为锄、犁、镘、锸等农业生产工具及少量车马器部件、容器等的范，重量达4.5吨之巨，其中有许多种类更是首次发现。遗址内分布有大量熔炉碎块堆积，表明此处曾存在大规模的铸铁生产活动。铁渣与铁块的金相分析结果清晰地显示出作坊采用生铁冶铸的技术。铁渣中钙含量较高，表明熔炼过程中加入了钙质助熔剂，遗址内发现的单纯骨料坑即可能与此有关。灰坑中用磁铁可吸附大量剥片的现象还表明该作坊曾进行过锻造铁器的活动。综上，这些发现共同将遗址性质指向铸铁作坊。遗址还出土了含铜较多的合金渣，结合目前已发现的钱范及铸钱铜浇道等遗物，推测作坊还兼具熔铜铸钱的功能。年代方面，通过与铸铁遗物共存的陶器、建筑构件的对比，以及与陶范共存的汉文帝"四铢半两"石钱范和汉初"榆荚半两"陶钱范所提供的纪年信息，初步判断此处作坊的主体年代为西汉早期。

Ⅱ区位于发掘区东北部，共清理古代遗迹120处。其中，汉代遗迹114处，包括陶窑4座、

Ⅱ区（局部）航拍
Aerial Photograph of Zone Ⅱ (Partial)

水井18口、灰坑92个，均与制陶活动密切相关。陶窑是制陶作坊的核心遗迹，此次发现的陶窑均为马蹄形半倒焰窑，使用年代从西汉中期至晚期不等，空间上相近分布，规格属于中等大小的陶窑。水井也是制陶作坊中重要的生产设施，根据发现水井集中分布的区位形态及与陶窑的相对位置关系，推测其可能作为制陶生产、生活使用，部分水井还出土了大量形制相仿、尺寸相近的完整陶容器残次品，说明这些水井在废弃后被专门当作垃圾堆积坑使用。灰坑的形状与包含物表明大多数灰坑为垃圾堆积坑，也有少部分方形或长方形且出土物较少的坑状堆积可能为滤泥池一类的用途。

该区域出土器物以陶器为大宗，另发现少量

Ⅰ区熔铁炉炉基
Furnace Base in Zone Ⅰ

Ⅱ区水井
Water Well in Zone Ⅱ

Ⅱ区陶窑
Pottery Kiln in Zone Ⅱ

铁器、铜器等。陶器按功用可分为日用器、建筑构件、制陶工具和窑具四大类。日用陶器可辨器形有罐、釜、盆、甑等，除甑发现较少可能为生活用器外，其余容器均发现有残次品且数量较多，说明日用陶器是陶窑的主要产品之一。建筑构件主要有筒瓦、板瓦、瓦当、方形铺地砖、五角形水管道及其残次品，规格较高，也应是陶窑的产品之一。制陶工具极具特色，种类有陶垫盘、陶垫圈、陶拍及人物俑模、动物俑模和用于制作特殊器物的内外模等，其中垫盘与垫圈的数量均多于以往同类发现，大多戳印有陶文或符号，显示出此制陶作坊生产的专业性。窑具主要为各种类

型的陶支垫，包括圆形、条形、月牙形和曲尺形四种，以月牙形支垫发现较多，曲尺形支垫最为特殊。窑具较为丰富的种类及是否带有纹饰或陶文，可能表示其用于垫烧不同类型的产品。综上，通过对残次品的分析研究，推测该遗址应为一处以烧制日用陶器和建筑构件类产品为主的制陶作坊，其主体年代应为西汉中晚期，遗址内出土的刻划于陶垫盘背面的"建平""平四""四年"等字样的陶文，还证明该作坊至少延用至约西汉哀帝建平四年（前3年）。

杜城村周边集中分布有秦汉时期的平民墓葬，且出土了较多带有"杜市""杜亭"陶文的陶器，

这些墓葬的墓主可能为秦汉杜县的居民，其墓葬的分布地点大致标记出了城垣的边界。杜城村周邻区域所发现的多处制陶、铸铁作坊形成了类似汉长安城西市"手工业园区"的集中化布局，且流传有序，未因县治的转移而发生明显改变。结合汉长安城南侧杜门、杜门大道本身所具有的方位意义，以及文献记载中"下杜城"的具体位置，将考古发现与文献记载有机结合，再次体现了秦汉杜县的重要性。

秦汉杜城手工作坊遗址的科学发掘，极大地丰富了关中地区秦汉时期与铸铁、制陶相关的实物资料，为研究秦汉时期的生产技术与组织结构、聚落布局乃至社会面貌等问题提供了重要依据。更为重要的是，通过进一步辨识杜城"手工业园区"的产品及产业规模等信息，可帮助我们重新评估秦汉杜县之于帝国的作用。而对杜城特殊区位的历时性考察，为研究都城附近县城的城市形态变迁提供了一定的借鉴意义，也为讨论"杜城""杜虎符""杜陵""下杜"及"韦杜"等历史时期"杜"称的形成与发展提供了切片式的观察视角。

（供稿：强玉为 种建荣 孙战伟）

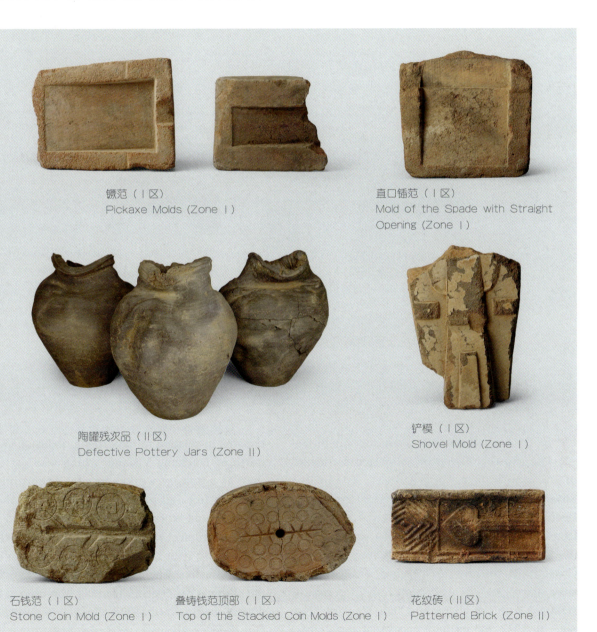

镢范（Ⅰ区）
Pickaxe Molds (Zone Ⅰ)

直口锸范（Ⅰ区）
Mold of the Spade with Straight Opening (Zone Ⅰ)

陶罐残次品（Ⅱ区）
Defective Pottery Jars (Zone Ⅱ)

铲模（Ⅰ区）
Shovel Mold (Zone Ⅰ)

石钱范（Ⅰ区）
Stone Coin Mold (Zone Ⅰ)

叠铸钱范顶部（Ⅰ区）
Top of the Stacked Coin Molds (Zone Ⅰ)

花纹砖（Ⅱ区）
Patterned Brick (Zone Ⅱ)

石门
Stone Gate

　　石椁外南壁和石椁内东、西、北壁均有浮雕彩绘，画面形象生动，手法古朴典雅，刻工精细，彩绘以红、黑、白色为主，色彩鲜艳。石椁内南壁及石椁外西壁有彩绘或浮雕图案。

　　石椁内北壁　壁面上部中央浮雕彩绘墓主羽化升仙图。墓主头戴黑色冠饰，着交领上衣，宽袍广袖，双手拢于袖中，双翅上扬，鸟足，相对而立。其东西两侧分别为鼠头鸟身、牛头鸟身侍奉神兽，均着交领上衣，宽袍广袖，双手拢于袖中，双翅上扬，鸟足，依墓主而立。壁面下部中央浮雕彩绘两玄武，相对而立。龟高颈，怒目，直耳，口微张，龟甲高耸，尖尾上扬，腋下露鬃毛，四蹄粗壮有力，呈前进状；蛇于龟腹下至颈部卷曲，在龟甲上部呈绞状，卷尾，怒目与龟首相对。玄武东西两侧浮雕彩绘两朱雀，高冠后曳，头微昂，口微张，引颈长嘶，双翅上扬，振翅欲飞，依玄武而立。

　　石椁内东壁　壁面上部浮雕彩绘持幡引路羽人。羽人头戴冠饰，杏眼低垂，身长小翅，上着交领束衣，衣不及肘，下着短裤及膝，右臂后摆，右手持幡，幡布摇曳，左臂上折至肩，左手呈握拳状，双脚上扬不露趾。壁面下部浮雕彩绘一青龙，尖首微昂，直耳，双角后曳，怒目张口，龇牙吐舌，高颈，身体纤长，卷尾，腋下露鬃毛，前足上墙，后足呈前进状。

　　石椁内西壁　壁面上部浮雕彩绘持幡引路羽人。羽人头戴冠饰，杏眼低垂，身长小翅，上着交领束衣，衣不及肘，下着褶裤及膝，右臂回折至肩部，右手持幡，幡呈飘扬状，左臂上举，食指指天，双脚上扬，赤足呈外"八"字。壁面下部浮雕彩绘一白虎，方首立耳，怒目张口，龇牙吐舌，矮颈，身体纤长，卷尾，腋下露鬃毛，前足上墙，后足呈前进状。

　　石椁内南壁　未雕刻，可见两名彩绘侍者，画面已漫漶不清，仅辨轮廓。

　　石椁外西壁　近北上角处浮雕坐佛一尊，未施彩。

　　石椁外南壁　东西两侧各浮雕彩绘一镇墓武士。武士逆发，宽额，怒目圆睁，肥鼻，厚唇，上齿外露，大耳坠耳饰，面目威严狰狞。背后系飘带，腕戴镯，身着异域服饰，袒胸露腹，赤足。西侧武士右手持三叉戟，左手持五节金刚锤；东侧武士左手持三叉戟，右手持五节金刚锤。

　　此墓出土器物数量较少，包括泥质镇墓武士俑、镇墓兽及石灯、釉陶壶、陶罐、陶壶、铜带饰、漆盘、云母片、兽骨等。

　　吕续浮雕彩绘石椁墓，椁室内雕刻的墓主升仙图、导引图、四神图等带有明显的汉代遗风和宗教色彩，南壁外侧雕刻的异域镇墓武士的发型、样貌、体态、穿着等，与汉文化风格迥异，为研究民族融合、文化交流以及宗教史、建筑史等提供了新资料。石椁明间西廊柱刻有北魏"太安二年"铭文，为此墓提供了确切纪年。铭文记载墓主吕续的官职为陵江将军、扶风太守，爵位为男爵，属于较高等级官吏。墓主来自陕西地区，这与文献记载的北魏人口大迁移的史料相吻合。

（供稿：靖晓亭）

石椁内北壁
North Interior Wall of the Stone Coffin-chamber

石椁明间西廊柱铭文
Inscriptions on the West Corridor Column in the Center Bay of the Stone Coffin-chamber

石椁内北壁局部
Part of the North Interior Wall of the Stone Coffin-chamber

石椁内北壁局部
Part of the North Interior Wall of the Stone Coffin-chamber

石椁内东壁
East Interior Wall of the Stone Coffin-chamber

石椁内西壁
West Interior Wall of the Stone Coffin-chamber

石椁外西壁局部
Part of the West Exterior Wall of
the Stone Coffin-chamber

石椁外南壁西侧
West Side of the South Exterior
Wall of the Stone Coffin-chamber

石椁外南壁东侧
East Side of the South Exterior
Wall of the Stone Coffin-chamber

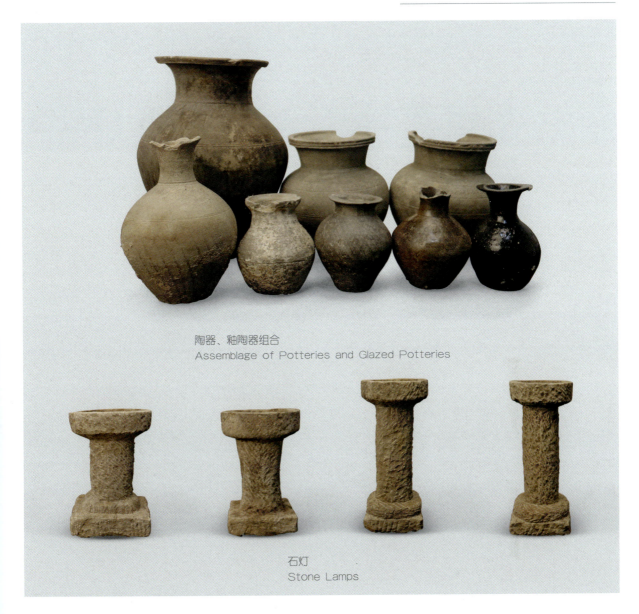

陶器、釉陶器组合
Assemblage of Potteries and Glazed Potteries

石灯
Stone Lamps

From May to September 2021, the Datong Municipal Institute of Archeology excavated several Northern Wei tombs northwest of Zhijiapu Village in Pingcheng District, Datong City, Shanxi Province. One of them (numbered M57) is the tomb of Lv Xu, who was buried in the second year of the Tai'an Era (456 CE) of the Northern Wei Dynasty. It is a south-facing square tomb with a long ramp passage and a stone coffin-chamber. The sealed stone gate separates the tomb into tomb passage and tomb chamber. A stone coffin-chamber with painted relief and a front porch was placed north of the center of the tomb chamber. It was shaped as a three-bay hall with a single eave suspension roof, and found painted relief on the south exterior wall and the east, west, and north interior walls. Themes of the painted relief include the tomb owner who is ascending to heaven, the feathered man holding banners and leading the way, four divine beasts, foreign warriors who guard the tomb, etc. It is the earliest, and only Northern Wei tomb with the stone coffin-chamber features the imitation wood structure, front porch, and painted relief discovered in Datong area, providing new materials for studying ethnic integration, cultural exchange, history of religion, etc.

陕西咸阳洪渎原
布里墓地十六国大墓（M63）

GRAND TOMB M63 OF THE SIXTEEN KINGDOMS AT THE HONGDUYUAN BULI CEMETERY IN XIANYANG, SHAANXI

2022 年，陕西省考古研究院在陕西省咸阳市底张街道布里村北发掘了一座大型十六国墓葬（编号 20XJM63，以下简称 M63），是目前发现的规模最大的十六时期墓葬。墓葬所在地为咸阳洪渎原的核心区域，周围分布着大量东汉至隋唐时期墓葬，亦是北周至隋唐时期高等级墓葬的集中分布区。此墓西距咸阳机场二期发掘的十六国大型墓葬 M298 约 3 公里，东南 6 公里为十六国

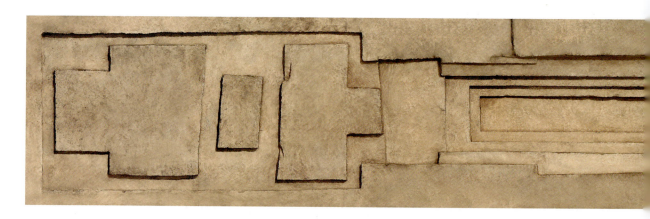

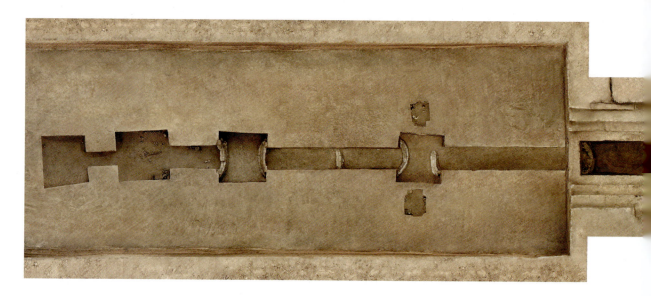

西陵县侯夫人墓，西南 5 公里为雷家村十六国墓地，其东部和北部还分布有成组的中小型十六国墓葬。

布里 M63 系斜坡墓道带两个天井的前后室土洞墓，平面近"中"字形，坐北朝南，方向 178°。墓葬由斜坡墓道、2 个过洞、2 个天井、6 道砖封门、2 个壁龛、前后甬道和前后墓室组成，南北水平总长 98 米，墓室底距地表 16 米。墓葬被盗扰破坏严重，地表可见多个盗洞。

墓葬地表在天井上口处原有土雕建筑，现仅存两个相背的"凸"字形土台。根据地表现状复原，现有土台上部约有 0.5 米被破坏，在此之上的形制结构不清。土台形制相同，南侧向南凸出，北侧向北凸出。北部土台形制完整，南北长 10.5、东西宽 9、残高 0.7 米。在土台的东、西、北三面留有贯通窄道，两个土台之间有一近方形生土台，边长 2.8 米。土台顶部形制因破坏严重，无

法复原。在土台周壁可见颜料装饰，残存红、黑、白色彩。在之前发现的十六国墓葬中，土雕建筑多位于过洞上方或是入口位置。此墓地表的土雕建筑不仅位置特殊，其形制也是首次发现。

墓道呈斜坡状，坡度 18°，较为平缓，南北长 60.48、内宽 2.6 米。在东、西、北三壁各留有三级台阶，台阶宽而长。在墓道北端靠近砖封门的两侧壁面上，均刷有白灰。墓道内填土较硬，逐层夯打。砖封门位于墓道北部，也是墓内的第一道砖封门。整体向南弧出，砌砖两重，为平砖砌筑而成，上部和下部东侧被盗扰破坏。

两个过洞形制相同，进深约 10 米，第一过洞底部坡度较大。在第二过洞的中间砌筑一道砖封门，向南弧出，砌砖两重。

两个天井开挖方式较为特别，在地表两个"凸"字形土台的中部各开一方形的天井，口底等宽，南北长 3.6、东西宽 3.5 米。在两个天井

M63 地表"凸"字形土台建筑
"凸"–shaped Earthen Buildings on the Ground

M63 平面正射影像
Orthophotograph of Tomb M63

M63 发掘现场（北—南）
Tomb M63 in Excavation (N–S)

底部出入口各砌一道砖封门，向中间弧出。砖封门较厚，有四重砌砖。

两个壁龛开于第一天井东西两壁下方，龛体较大，平面呈"凸"字形，顶部较平，进深约 1、高 1.2 米。龛内出土陶仓、陶井、石帐座、石磨及陶动物、武士俑、"十"字髻女俑、扛鼓俑及车马器残件。其中，陶武士俑 7 件，身着甲衣，形体瘦高，双腿并立；陶扛鼓俑头戴毡帽，手握持细长柄鼓架，背扛一厚圆鼓。

前后甬道均呈窄长过洞状，前甬道东壁下放置有陶女骑马仪仗俑 8 件，南北排成一列。女俑头梳蝴蝶形假高髻，面向西，端坐于马鞍上，双脚踩马镫，鞍下垫长方形凹面硬质障泥，障泥下垂护马腹。此外，在前甬道填土内出土铜灯 1 件。

墓室为前后室土洞结构，平面近方形。前室较大，宽 3.6、进深 3.8、高约 2 米。后室基本被盗掘一空，未发现人骨、葬具痕迹。前后室壁面

上可见白色和红色颜料残存，说明壁面原有装饰内容。在前室东部放置有一组陶女乐俑，基本占据前室的东半部，呈圆弧形分布，模拟出一个完整的演奏场景。乐俑基本保持了原始位置，未被扰动。上身穿高交领右衽中袖襦衫，下裳为高腰齐胸曳地长裙覆脚。其中，东西两侧跪坐女乐俑各 10 人，神态一致，头梳蝴蝶形假高髻，手持鼓、阮、竽、排箫等乐器，作击打或弹（吹）奏状；中间偏南为对坐在方形薄板上的乐俑 4 人，头梳尖锥状高髻，昂首抬头，两臂下垂屈肘，双手五指并拢上举；南北两端为站立女乐俑，头梳蝴蝶形假高髻，怀抱乐器。此组乐俑是本次考古发掘的重要发现，数量多、种类丰富且场景完整。

墓葬内共出土各类随葬器物 127 件（组），主要集中在壁龛和前室内，以各类陶俑、动物和模型明器为主。陶俑有武士俑、骑马仪仗俑、女乐俑、男侍俑、女侍俑，陶动物有马、狗、牛、猪、鸡等，陶模型明器有井、仓、厕等，另有陶罐、壶、九盘连枝灯以及五铢钱、铜灯、鎏金铜熏炉、车马器、银扣件、金贴片、料珠等。根据墓葬结构、武士俑和其他常见陶俑造型初步判断，墓葬时代为前秦时期。墓葬内没有发现文字信息及人骨，无法直接判断墓主身份，但可从以下几个方面进行推测。其一，此墓规模大，应是十六国时期较为强大的政权主持修建，而前秦政权是其中最有实力的，这也与墓葬时代的判断相符合；其二，墓葬宏大的地表土雕建筑、近百米的墓葬规模，说明墓主身份尊贵；其三，墓葬内出土女骑马仪仗俑为目前十六国墓葬中仅见的女骑马俑，或许暗示墓主为当时身份极高的女贵族。现已确定的墓主为女性的十六国大墓有咸阳机场二期 M298 和咸阳坡刘西陵县侯夫人墓，这两座墓与 M63 是否存在共性、是否可为 M63 墓主身份判断提供参考信息，还有待日后进一步研究分析。

洪渎原布里墓地十六国大墓 M63 的发现意义重大。首先，此墓南北总长近百米，整体规模超过了少陵原发现的 3 座十六国大墓，为十六国大型墓葬研究提供了新的墓例。其次，墓葬地表特殊的土台建筑、天井的开挖方式及墓葬内六重砖封门的特殊设置，都是十六国时期墓葬中发现的墓葬形制新内容。再次，墓中的乐俑组合是此次考古发掘的重要发现，乐俑数量多、组合完整、场景生动，经室内复原修复，所有乐俑的手持乐

器基本——对应，不仅完整再现了当时的乐舞场面，也体现出了墓主的尊贵身份。布里 M63 的发掘，不仅为关中地区十六国大型墓葬的研究提供了重要资料，也为十六国丧葬礼乐中的乐器、参与者、场景等内容的研究提供了实物参考。

（供稿：赵占锐　李明）

M63 前室（北—南）
Front Chamber of Tomb M63 (N-S)

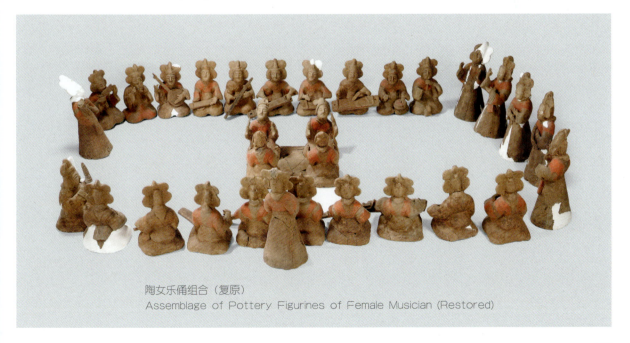

陶女乐俑组合（复原）
Assemblage of Pottery Figurines of Female Musician (Restored)

陶女乐俑（西排）
Pottery Figurines of Female Musician on the West Row

陶女乐俑（东排）
Pottery Figurines of Female Musician on the East Row

中心跪坐四人陶女乐俑组合
Group of the Four Pottery Figurines of Female Musician Kneeling in the Center

陶女乐俑
Pottery Figurines of Female Musician

陶扛鼓俑
Pottery Figurine Carrying a Drum

陶女骑马仪仗俑
Pottery Ceremonial Figurines of a Woman Riding Horse

陶武士俑
Pottery Warrior Figurine

陶男侍俑
Pottery Figurine of
a Male Attendant

陶女侍俑
Pottery Figurine of a
Female Attendant

铜灯
Bronze Lamp

陶仓
Pottery Granary

In 2022, the Shaanxi Provincial Institute of Archeology excavated a large tomb (numbered 20XJM63) of the Sixteen Kingdoms period north of Buli Village, Dizhang Street, Xianyang City, Shaanxi Province. It is a south-facing earthen cave tomb with front and rear chambers and a ramp passage, in the shape of the character "中", consisting of the ramp passage, two tunneled passages, two ventilation shafts, six brick-sealed gates, two niches, front and rear corridors, and front and rear tomb chambers. The total length from north to south is 98 m, and on the ground found the earthen-carved building. Among the 127 pieces (groups) of unearthed artifacts, a group of pottery figurines of female musicians placed east of the front chamber illustrates a perfect scene with plentiful and various characters, making it a significant discovery of the excavation. Buli M63 is the largest tomb of the Sixteenth Kingdoms period found so far, providing new data for the study of large-scale tombs of the Sixteen Kingdoms in Guanzhong area, also offering physical references for studying musical instruments, participants, and scenes at the funeral ceremony in the Sixteen Kingdoms period.

山东济南

樊家遗址唐代朱满墓

TOMB OF ZHU MAN OF THE TANG DYNASTY AT THE FANJIA SITE IN JINAN, SHANDONG

樊家遗址位于山东省济南市历城区樊家村东，为巨野河、小清河、白云湖交汇的平原地带。2021年7月至2022年6月，为配合基本建设，济南市考古研究院对该遗址进行了发掘，共清理各时期墓葬241座、灰坑101个、灰沟2条、井2口、灶1座，时代涉及龙山、两周、汉、北朝及唐、宋、元、明、清。墓葬时代以东周、汉、北朝为主，灰坑主要为龙山时代，少数为东周时期。出土器物565件（组），包括陶器、瓷器、

三彩器、铜器、铁器、漆器及建筑构件等。其中，唐代朱满墓（编号M49）出土50余件三彩器、20余件瓷器，并发现有墓志，为本次考古发掘的重要发现。

朱满墓位于发掘区中部偏南，东部被M38打破，南部墓道打破汉墓M139。墓葬开口于耕土层下，平面近刀形，坐北朝南，方向182°，由梯形斜坡式墓道、砖砌甬道、墓门和方形砖砌墓室组成，通长10.28米。

墓葬全景
Full View of the Tomb

梯形斜坡式墓道残长 6.55、宽 1～1.9、最深 2.3 米。墓门前底部放置砸碎的三彩天王俑 1 件，呈铺地状，其上再置一合墓志，最后砖砌覆盖其上，整体外形呈甬道状。墓志盖书写"齐州全」节县朱」君墓铭"3 行 9 字。墓志志文因常年地下水浸泡钙化严重，部分字口不清，共 12 行，可辨文字有"君讳满乐陵人也""嗣子善祥为丧大唐开元三年乙卯岁十月己酉朔十三日辛酉葬于故郡城东南之原礼也"。

墓门位于墓室东南，券顶，高 1.5 米，以平砖叠砌封门。

墓室平面近方形，内边长 3 米，下部为直壁，于墓门券顶处向上叠涩收券，仅残存起券部位以下，残高 2.2 米，墓顶形制不详。墓室内西侧为棺床，上置人骨 2 具，保存状况差。棺床东侧自墓门至墓室北壁随葬三彩器 50 余件，因墓顶早年破坏，坍塌墓砖覆压造成个体较大的三彩俑破裂。天王俑 2 件，墓门两侧各 1 件，颜色以绿、褐色为主，有少量黄色。其中，东侧天王俑面向墓室内，站立于墓室东南角，头戴冠饰，头面部饰红彩，身着铠甲，双肩有飞禽，左手叉腰，右手高举，双脚踩怪兽，兽底有带镂孔底座；西侧天王俑沿墓室南壁倒向墓室西南角，姿势、形式与东侧天王俑对称，仅在头饰、肩饰、部分衣饰及脚踩怪兽方面有少许差别，头面部有饰彩痕，因地下水常年浸泡而脱落。此天王俑附近同时发现有胡人俑 1 件、侍俑 2 件、俯听俑 1 件。镇墓兽 2 件，位于墓门内侧，均向西倾倒，颜色与天王俑同，形态各异，均蹲坐于带镂孔底座上。马 2 件，颜色以白、绿色为主，有少量褐色，装饰华丽，但由于个体较大，破碎严重。胡人牵骆驼 2 组，胡人俑较其他侍俑高大，高鼻深目，卷发，身着大翻领服饰，左手握拳于胸前，右手高抬呈牵绳状，昂首挺胸，骆驼以绿彩装饰货物。骑马胡人俑 2 件，胡人分别以褐色和绿色为主，马匹为白、绿、褐色。侍俑 14 件，多站立于墓室东部北壁下，有男女之分，发式、服饰各异。胡人俑 5 件。仰观俯听俑 3 件，其中俯听俑位于墓门西侧天王俑旁，以绿色为主；2 件仰观俑位于墓室东壁中部。另有羊、狗、猪、鸡、鸭、鸳鸯、骆驼各 2 件及牛车 1 套、臼 1 件、磨 1 件，位于墓室东北角，灶、井各 1 件，位于墓室东南角天王俑身后。此外，墓室内还出土白瓷器 20 余件，多放置于镇墓兽附近，器形有

碗、盘、杯、瓶等，以碗为主，釉色白中闪青，多为浅圈足或假圈足，底部内凹。

《魏书·朱瑞传》记载："庄帝还洛，加卫将军、左光禄大夫，又改封乐陵郡开国公，仍侍中……瑞启乞三从之内并属沧州乐陵郡，诏许之，仍转沧州大中正。瑞始以青州乐陵有朱氏，意欲归之，故求为青州中正；又以沧州乐陵亦有朱氏，而心好河北，遂乞移属焉。寻加车骑将军。"位极人臣的朱瑞因其为代郡人，为了融合汉人，选择依附于沧州乐陵朱氏，可见当时朱氏为汉人名门望族。又据青州出土朱绪墓志、朱神达墓志可知，北朝、隋唐之际，乐陵确有朱氏为典型的门阀士族，世代担任州郡长官。墓主朱满在开元三年（715 年）葬于故郡城东南，或许暗示了墓主为担任该郡长官的朱氏后人。根据文献记载及出土墓志佐证，乐陵朱氏在北朝时期为名门望族，分支迁往

墓志出土情况
Epitaph in Situ

三彩天王俑出土情况
Tri-colored Heavenly Guardian in Situ

三彩骆驼及胡人牵驼俑出土情况
Tri-colored Camel and Foreigner Attendant in Situ

三彩骑马胡人俑出土情况
Tri-colored Figurines of Foreigner Riding Horse in Situ

三彩侍俑出土情况
Tri-colored Figurines of Attendant in Situ

三彩牛车出土情况
Tri-colored Ox Cart in Situ

青州。此次发现的朱满墓，对研究鲁北地区北朝至唐代人口变迁亦有重要意义。

《水经注》载有"济水又东北经华不注山""又东北台县北"，春秋时，齐景公要将台邑封给晏婴作封地，而晏子不受。汉高祖六年（前201年），刘邦封戴野为台侯，景帝三年（前154年），七国之乱，戴才参与叛乱，国除，后置台县。西汉、

东汉时期，台县都是济南国的领县。北齐天保年间，历经战乱以及济水等水源问题，台城被废。

墓志记故郡城即为南朝宋侨置魏郡，暨北魏置齐州东魏郡，宋孝武时期又徙历城至该城，北齐天保七年（556年）改济南郡还治历城，台城随废。本次樊家遗址发掘证明，最早自大汶口文化，经龙山文化、岳石文化，至西周时期，该遗

址均有人类活动,而东周时期开始至汉代、北朝时期大量出现墓葬,遗址西北约 300 米的亓家遗址时代与樊家遗址相当,文化内涵相似,在前期的考古勘探过程中也发现有夯土存在,文化堆积较厚。墓志记葬于故郡城东南之原,反推墓葬西北 300 米的亓家遗址正是汉代台城及南北朝魏郡、东魏郡郡城所在,亦能证明此去南约 5 公里的城

子遗址即为《太平寰宇记》所载全节县。考古发现对台城及东魏郡的证实,对于以后寻找济南郡城具有意义。

樊家遗址朱满墓,是目前山东地区出土唐三彩器数量最多、类型最全、制作最精美的一座墓葬,为该地区唐墓研究提供了新材料。

（供稿：何利　胡娟　丁文慧）

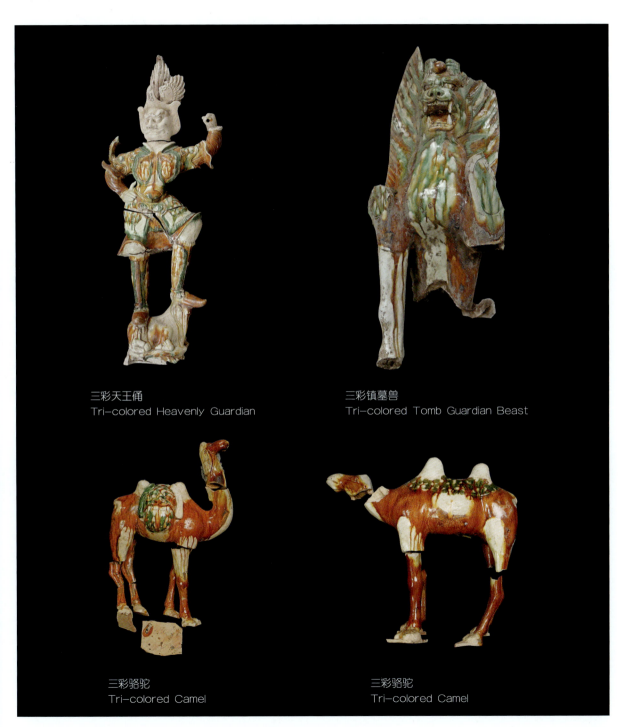

三彩天王俑
Tri-colored Heavenly Guardian

三彩镇墓兽
Tri-colored Tomb Guardian Beast

三彩骆驼
Tri-colored Camel

三彩骆驼
Tri-colored Camel

三彩俑（部分）
Tri-colored Figurines (Partial)

三彩女侍俑（部分）
Tri-colored Figurines of Female
Attendant (Partial)

三彩动物及模型明器（部分）
Tri-colored Animals and Models (Partial)

From July 2021 to June 2022, the Jinan Municipal Institute of Archaeology excavated the Fanjia Site in the east of Fanjia Village, Licheng District, Jinan City, Shandong Province. Archaeologists uncovered 241 tombs, 101 ash pits, and 565 pieces (groups) of artifacts, the remains involving periods of Longshan, Zhou, Han, Northern Dynasties, Tang, Song, Yuan, Ming, and Qing. The Tang tomb of Zhu Man, from which discovered more than 50 tri-colored figurines, is a significant discovery in this excavation. The tomb is south facing and with a flat shape like a knife. It comprises the trapezoidal ramp passage, brick-built corridor, tomb gate, and brick-built square tomb chamber. The unearthed artifacts include considerable tri-colored figurines, animals, and models, along with porcelain and epitaph, etc. According to the epitaph, the tomb occupant Zhu Man was buried in the third year of the Kaiyuan Era (715 CE) of the Tang Dynasty. The Tang tri-colored potteries found in the tomb make them the largest in number, most varied in types, and most exquisite in production in Shandong area.

西藏拉萨
温江多遗址

WENJIANGDUO SITE IN LHASA, TIBET

温江多遗址位于西藏自治区拉萨市曲水县才纳乡才纳村五组，地处拉萨河下游右岸，北、东、南三面均为山峰，西面约2公里处为拉萨河，系扇形冲积谷地貌。根据敦煌吐蕃藏文写卷《大事纪年》、吐蕃金石铭刻、唐代汉文史籍、宋代及之后藏文史籍的记述与布达拉宫西大殿清代壁画、传世清代唐卡、罗布林卡斯喜堆古殿20世纪50年代壁画图像可知，温江多遗址是吐蕃时期重要的政治与佛教中心，最初由太后赤玛雷（赞普芒松芒赞妃子）建立，并于700～712年常驻，多次举行集会、会盟。

此后，多位吐蕃赞普亦曾在此驻跸。赤祖德赞赞普在位期间（815～838年）大力崇佛，在此集合内地和于阗工匠修建了辉煌的寺院——"温姜多誓愿祖拉康"。吐蕃末期的朗达玛灭佛和战乱导致遗址遭到毁废。

20世纪前半叶，意大利藏学家杜齐、英国官员及藏学家黎吉生等都到访温江多遗址，留下了重建的吾香拉康建筑与早期石碑的珍贵图像资料，杜齐在《到拉萨及更远方》一书中提到了他于1948年在"乌乡""吐蕃王赤热巴巾建造的寺庙"看到的"新修复"寺庙和"四座相当现代的佛塔"

修行洞等开展了考古调查与测绘，同时对核心区局部进行了发掘。这是吐蕃时期高等级离宫与佛寺建筑遗址的首次科学考古工作，取得了重要的阶段性成果。

遗址核心区范围南北长约280、东西宽约240米，地面可见遗存主要包括中部吾香拉康、四角大塔、西部龟趺、中部莲花柱础与石碑残块四部分，目前已揭露的地下遗存主要包括西南角塔基础、东北角塔基础、西部龟趺基址、中部吾香拉康周边地层堆积与相关遗迹五部分。

通过清理可知，西南角塔和东北角塔形制与规格基本一致。塔基平面呈"亞"字形，边长约18米，自下而上可分为早、中、晚三期。早期塔基叠压于倒塌砖瓦堆积层下，残存有遭到破坏的局部石砌结构。中期塔基为一层石渣垫土，覆盖于早期塔基和其上的瓦砾堆积之上，可能为早期塔基毁弃后维修过程中形成。晚期塔基保存基本完整，砌石规整。覆钵状塔身，主体夯筑而成，夯层清晰，东北角塔晚期塔基上发现有圆形的塔身石基。通过对西南角塔夯土内夹杂灌木枝的测年可知，其始建年代应不早于8世纪后期，从形制、结构与整体布局来看，另外三座角塔的始建年代应基本相同。此外，西南角塔晚期塔基东侧贴石壁的K6内出土大量塔形擦擦，东北角塔塔基西侧清理出砧木坑、石砌坑道等内部结构。砧木坑叠压于塔身夯土之下，平面呈长方形，内填大量细小卵石，包含少量朽木；石砌坑道原状应为环绕晚期塔

西南角塔整体航拍
Aerial Photograph of the Southwest Corner Tower

以及两个"都找不到任何铭文"的"柱子"。20世纪90年代，当地群众再次维修吾香拉康时发现并利用了若干早期柱础，同时在修建拉康西侧道路时还发现了一件龟趺碑座。鉴于该遗址在研究吐蕃时期高等级建筑布局与特征上的重要价值与意义，国家文物局于2021年将其列入了"考古中国"重大项目。2021～2022年，陕西省考古研究院、西藏文物保护研究所、西北大学文化遗产学院联合对遗址核心区及周边的建筑基址、佛塔、墓葬、

西南角塔三维立面图（东南—西北）
Three-dimensional Elevation of the Southwest Corner Tower (SE-NW)

东北角塔西侧晚期塔基（南—北）
Late Period Tower Foundation on the West of the Northeast Corner Tower (S-N)

东北角塔西侧晚期塔基与砧木坑
Late Period Tower Foundation and Rootstock Pits on the West of the Northeast Corner Tower

东北角塔西侧中部不同时期塔基
Tower Foundations Belonging to Different Periods at the Center of the West Side of the Northeast Corner Tower

基中央一周的方形基槽，顶部覆盖石板，两壁为石块垒砌，深1.8米，填土较密实，为一层黄褐色花土、一层卵石逐层填充，共8层，填土内仅包含少量骨渣，坑底为不甚平整的石块。

西部的龟趺碑座为一整块花岗岩石块雕凿而成，长2.38、宽1.85、通高1.3米，体量较大。龟为趴卧姿态，头南尾北，背上有方形榫槽，槽边缘为浅浮雕莲瓣。龟趺外围及南侧下部清理发现一座长方形台基，以龟趺为中心修建，东西宽7米，中部以大石块铺底、四周以石渣土围筑。台基南侧和下部发现较集中的瓦砾堆积，东南角垫土内清理出一座小型祭祀坑K2，出土盛装有铜皮卷制牦牛的带盖陶钵和似熊泥

塑动物。

中部吾香拉康南、北、西侧地层堆积均较厚，最深处5.6米，发现有不同层位的土、石残墙及祭祀坑。下部地层2021WJDIVTG3 ⑧出土木炭的测年结果为7世纪中期至8世纪晚期、2021WJDIVTG6K3出土动物骨骼的测年结果为8世纪晚期至9世纪晚期，表明该区域即为原温江多宫及"温姜多誓愿祖拉康"的核心建筑区域。该区域已清理部分未见集中的瓦砾堆积。

本次发掘出土器物数量较多，从中选取各类标本共825件，质地有陶、泥、铜、石、骨、铁六类，以陶质建筑构件数量最多。建筑构件种类包括筒瓦、板瓦、瓦当、砖及窄板瓦、正

西部龟趺及其台基整体航拍
Aerial Photograph of the *Guifu*-tortoise carrier and its Base on the West

当沟等特殊瓦件，陶质有红陶、灰陶、褐陶三种，表面处理方式均有带釉琉璃和不带釉两种，釉色以白、绿、蓝、红、灰色等为主，釉的成分主要有铅釉、碱—钙釉和钙釉三种。从出土区域来看，西南角塔和东北角塔两塔基遗物以砖为主，龟趺基址遗物则以大量带釉瓦、瓦当、窄板瓦、正当沟为主。遗物种类和比例的差别可能反映出建筑样式的不同，初步推测龟趺基址的建筑为带坡面屋顶的亭阁式建筑，故遗物中用于屋顶的瓦件较多而砖极少，出土的窄板瓦亦称条子瓦，一般用于屋顶斜脊；两座塔出土的砖多在侧面及上面一侧施以蓝釉或绿釉，完整方砖多处理为五面扒皮的楔形面，应是砌

筑塔基台壁所用。值得注意的是，这种多色琉璃瓦建筑构件的集中出土在内地和西藏以往的发掘中均较为少见，目前仅在噶琼寺庑殿顶石碑地基堆积中有较为集中的出土。此外，龟趺基址出土的一件菱形瓦饰很可能为无字碑碑帽镶嵌饰件；遗址核心区及周边发现有41件石刻，包括龟趺、莲花柱础、无字碑碑身残块、庑殿顶碑帽残块、泉华相轮残块、碑顶宝珠等。

大量砖瓦建筑构件的使用表明唐蕃物质文化交流十分密切，带釉琉璃砖种类和瓦的形制均为典型的汉地特征，与唐长安城大明宫遗址出土琉璃瓦相似。釉样成分分析初步表明，白釉可能为已地方化的唐代汉地技术传统，蓝釉、绿釉等或

为吐蕃本土或周边地区的技术传统。无字碑与唐乾陵、定陵的无字碑异曲同工，龟趺、碑身、庑殿顶碑帽的形制与唐蕃会盟碑相同，均为受唐代庑殿顶石碑影响而出现的吐蕃高等级石碑。同时，佛塔和建筑基址以夯土和石块混筑，周边配置带有明显祭祀意味的遗物坑等则应反映了吐蕃本土文化的特点。

综上所述，温江多遗址与布达拉宫、大昭寺、小昭寺、桑耶寺、噶琼寺等共同构成了拉萨河流域吐蕃都城圈文化遗产综合体，并与桑耶寺、噶琼寺共同代表了吐蕃高等级寺院两种布局之一的中心殿与四角大塔组合类型，而大量遗迹、遗物的发现则为 7 ~ 9 世纪"丝绸之路"南亚廊道上的多民族交往、交流、交融提供了重要实证。

（供稿：席琳　张博　张娜　夏格旺堆）

西部龟趺
Guifu-tortoise carrier on the West

遗址中部探沟内地层堆积与残墙
Stratigraphic Accumulation and Remaining Wall in the Exploratory Trench at the Center of the Site

遗址中部探方内地层堆积与残墙
Stratigraphic Accumulation and Remaining Wall in the Excavation Unit at the Center of the Site

遗址中部早期建筑柱础石
Stone Column Bases of Early Architecture at the Center of the Site

无字碑碑身残块
Remains of the Body of the Wordless Stele

天降塔擦擦
Tsatsa in the Shape of the
Tianjiang Tower

带盖陶钵、铜皮制牦牛、泥塑熊形动物
Pottery *Bo*-bowl with Lid, Bronze Yak,
and Clay Bear-shaped Animal

绿釉红陶带筒瓦莲纹瓦当
Green-glazed Red Pottery
Tile-end with Lotus Pattern
and Semi-Cylindrical Tile

绿釉红陶筒瓦
Green-glazed Red Pottery
Semi-Cylindrical Tile

绿釉红陶花口板瓦
Green-glazed Red Pottery
Flat Tile with Scalloped Rim

蓝釉红陶窄板瓦
Narrow Blue-glazed Red
Pottery Flat Tile

蓝釉琉璃方砖
Blue-glazed Square Brick

菱形绿釉红陶饰件
Rhombic Green-glazed Red
Pottery Ornament

The Wenjiangduo Site is located in the fifth group of Caina Village in Caina Township, Qushui County, Lhasa City, Tibet Autonomous Region, on the right bank of the lower reaches of the Lhasa River and was an important political and Buddhist center during the Tubo period. From 2021 to 2022, the Shaanxi Provincial Institute of Archaeology and others surveyed and mapped the site's core area and the surrounding remains. They excavated the foundations of southwest and northeast corner towers, the base of *guifu*-tortoise carrier on the west, and stratigraphic accumulation and other remains around Wuxianglakang in the center; ceramic building components took a large part of the unearthed numerous artifacts. The site is a critical part of the cultural heritage complex of the urban area of Tubo in the Lhasa River Basin, planned as a complex consisting of a central hall and four corner towers. The excavation provides significant evidence for the multi-ethnic communication, interaction, and integration along the South Asian Corridor of the "Silk Road" during the 7th to 9th century.

西安西郊
唐代宫人墓地

CEMETERY OF PALACE MAIDS OF THE TANG DYNASTY IN THE WESTERN SUBURBS OF XI'AN

唐代宫人墓地位于陕西省西安市西郊莲湖区枣园街道三民村一带，地处汉长安城未央宫正南、隋唐长安城西北龙首原上，西距皂河约1.7公里，东距隋唐长安城宫城约5公里。2008年和2012年，陕西省考古研究院在三民村西南部的枣园西路北侧共抢救性发掘唐代小型土洞墓40余座，其中11座墓出土有墓志，墓主皆系唐高宗、中宗及睿宗朝亡故的宫廷五品至九品女宫官或宫尼，由此揭开了长安城西唐代宫人墓葬科学考古发掘的序幕。2021～2022年，为配合基本建设，陕西省考古研究院在三民村东北部发掘北朝至隋唐时期中小型墓280余座，再次发现唐代宫人墓葬。

宫人墓葬位于发掘区最西侧，现揭露面积约2755平方米，东部以南北向兆沟为界，与早期或同期墓葬相隔。兆沟内墓葬排列有序，中部被现代坑扰动破坏较甚，尤以北部墓葬保存最好且布局规律。兆沟内共清理墓葬57座，南北向排布，可分为9排，各排墓葬间隔有序，不见打破关系。这批墓葬形制统一简单，除个别系偏洞室墓外，皆属直线式小型土洞墓，平面呈双梯形，主要由墓道、封门和墓室组成，坐北朝南，水平残长

3～7米。墓道为斜坡底，壁面或坡面铲修不甚规整，墓室口多填垫花土并以土坯块砌堵。墓室空间狭促低矮，仅可容葬一棺，墓顶自墓室口向里渐下斜，进深1.5～2.5米，洞高、面阔约1米或不足1米，甚至更狭矮，地面顺墓道坡势或平缓或陡滑直抵墓室北壁下，墓壁亦修整粗涩。葬俗统一简单，葬式皆为单人仰身直肢葬，头南足北，墓主多口含或手握隋五铢铜钱若干，随葬器物以灰陶罐、壶为主，同时伴出贝壳、铜镜、玉石饰品和黛板等女性妆扮用品，个别墓葬还随葬有绿釉陶器、青釉或白釉瓷器。墓主皆早逝，20座人骨保存较好的墓葬墓主皆系20～30岁的年轻女性。同时，在此次发掘地点西侧不远处，陕西省考古研究院曾于2013年发掘30座同类型墓葬，亦南北成排布局规律有序，不见打破关系。两处墓葬群距离较近，葬制、葬俗一致，体现出明显的规划性和统一性，应为同一墓地。

根据《唐代墓志汇编》和《唐代墓志汇编续集》收录的墓志，综合近年来考古发掘出土的墓志，长安城西龙首原现已发现唐宫人纪年墓50余座。墓主以五品至九品的女宫官或宫尼为主，多卒葬

宫人墓 M11
Tomb M11 of Palace Maid

宫人墓 M46
Tomb M46 of Palace Maid

宫人墓 M46 随葬器物出土情况
Grave Goods of Tomb M46 in Situ

宫人墓 M56 随葬器物出土情况
Grave Goods of Tomb M56 in Situ

宫人墓 M48
Tomb M48 of Palace Maid

宫人墓 M56
Tomb M56 of Palace Maid

144

于唐太宗、高宗、中宗和睿宗时期，罕见高祖及玄宗以后的宫女墓葬。此次发掘的 57 座小型土洞墓，无明确纪年材料出土，其葬制、葬俗虽以隋唐之际作为庶民墓葬主流形制的双梯形墓和头南足北的仰身直肢葬为主，但随葬器物在质地和数量方面要优于同期平民墓葬。这些墓葬出土的陶罐、壶等多见于隋唐之际中低级别官吏墓葬，器形相似，贝壳、铜镜、玉石饰品及瓷器等不见于平民墓葬，随葬器物类型统一，兼具隋末唐初特征。再者，如此排列整齐和葬制、葬俗统一的墓地也不见平民墓葬采用，如相邻的两座墓葬 M67 和 M68 出土白瓷杯与绿釉陶罐残片可拼合为同一器物，说明这些墓主有同一时间统一埋葬的可能，墓主又皆为女性，种种迹象表明，这批墓葬兼具一定的特殊性。再结合此地西南已发掘的唐代宫人墓葬推测，此次发现的墓葬也应系宫人墓，年代当在唐初。

此次发掘，首次发现了唐代宫人墓地的东兆沟，明确了宫人墓地的布局形态与葬制、葬俗，进一步确定了宫人墓地的分布范围，即北至汉未央宫南墙、东至三民村火车站、南至枣园西路、西当不过皂河，呈斜三角形地带的分布态势。同时，也厘清了其自北向南、由早及晚的埋葬序列，从高祖到太宗、高宗及至中宗、睿宗朝的排布规律，有助于探究宫人墓地的葬制、葬俗演变与墓主身份等问题。据唐代相关文献记载，对于宫人的死丧，有专门的机构管理，统一由内侍省奚官局负责埋葬在一个集中的地方，这个集体墓地就是所谓的"宫人斜"，亦称"内人斜"。宋敏求

《春明退朝录》载"唐内人墓，谓之'宫人斜'，四仲遣使者祭之"，所指即应为这处宫人墓地。而"宫人斜"之语在唐代文献中似仅见于诗文，如杜牧《宫人冢》、陆龟蒙《宫人斜》及权德舆《宫人斜绝句》等，其中雍裕之《宫人斜》中"应有春魂化为燕，年来飞入未央栖"，更是指明了宫人墓位于未央宫附近，与考古发现相吻合。

另外，唐代宫人墓地东部还发掘有多座内侍墓葬和宫廷侍卫墓园，且内侍墓体现出集中分布的现象，说明在宫人墓和内侍墓分布区的三民村一带，一度曾归李唐政府统一规划。该区域内侍墓以玄宗朝之前的内侍和官吏为主，生前多居住于长安城内西北坊，晚期随着政治中心向大明宫转移，宦官也更多地选择居住在离大明宫更近的长安城内东北坊，按就近埋葬的原则，卒后埋在了城东浐灞一带。

汉代称龙首原为龙首山，其地势高亢轩敞，东西横亘于浐灞与沣渭之间，绵延数十里，随着汉唐都城地理位置的变迁，隋大兴城和唐长安城的营建将其一分为三。城北因庄严巍峨的皇宫苑囿成为禁地，城西和城东则因毗邻京畿近郊，以其优越的地理形势和便捷的交通条件，遂为长安城居民的葬地之选，近年来已发掘隋唐时期中小型墓葬数万座。城西墓葬以低级官吏和平民墓葬为主体，以宫人墓、宦官墓及番人墓三个特殊人群为特点，也表明城西龙首原上墓地之间存在着一定的等级差异，揭示出城市变迁与政治格局对京畿居民生死时空的影响。

（供稿：苗轶飞　梁依倩　宋远茹）

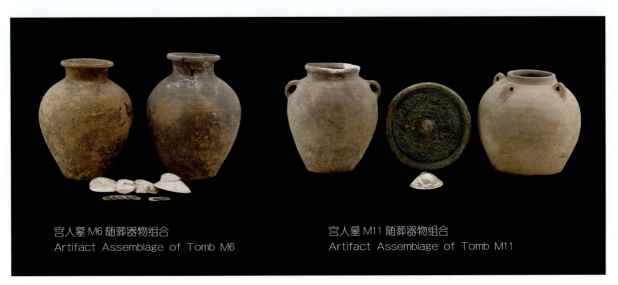

宫人墓 M6 随葬器物组合
Artifact Assemblage of Tomb M6

宫人墓 M11 随葬器物组合
Artifact Assemblage of Tomb M11

宫人墓 M47 随葬器物组合
Artifact Assemblage of Tomb M47

宫人墓 M48 出土铜镜
Bronze Mirror Unearthed
from Tomb M48

宫人墓 M56 随葬器物组合
Artifact Assemblage of Tomb M56

宫人墓 M67、M68 共用绿釉陶罐（修复后）
Green-glazed Pottery Jar Shared
by Tomb M67 and Tomb M68
(Restored)

宫人墓 M67 随葬器物组合
Artifact Assemblage of Tomb M67

宫人墓 M67、M68 共用白瓷杯（修复后）
White Porcelain Cup Shared
by Tomb M67 and Tomb M68
(Restored)

宫人墓 M142 出土小金人
Small Golden Figurine
Unearthed from Tomb
M142

From 2021 to 2022, to cooperate with the capital construction, the Shaanxi Provincial Institute of Archaeology excavated over 280 small and mid-size tombs from the Northern Dynasties to Sui and Tang Dynasties in the northeast of Sanmin Village in the western suburbs of Xi'an. A significant discovery is the cemetery of palace maids, located on the westernmost side of the excavation area and segregated from other tombs of the same period with a trench on the eastern side. The 57 tombs of palace maids were arranged into nine rows, with no overlapping but consistent funeral system and custom, revealing that the cemetery had been meticulously and coherently planned. According to previous materials, these palace maid tombs should be dated to the early Tang Dynasty. Futhermore, it was the first time that discovered the eastern trench, based on which confirmed the cemetery's range of distribution and also verified that its burial order was from north to south.

西安隋唐长安城
朱雀大街五桥并列遗址

SITE OF FIVE PARALLEL BRIDGES ON ZHUQUE STREET IN THE SUI-TANG CHANG'AN CITY IN XI'AN

2021 年 5 月至 2022 年 12 月，为配合基本建设，西安市文物保护考古研究院对西安市小雁塔西北角项目用地范围进行了考古发掘。发掘区大致位于隋唐长安城朱雀大街与外郭城第七横街交汇处、安仁坊西北隅一带。本次发掘面积约 4500 平方米，发现隋唐至明清时期各类遗迹 20 余处，包括道路 4 条、渠沟 3 条、桥基 7 座、墙基 2 处、门址 1 座、涵洞 1 座、井 1 口、骨灰瘗埋遗迹 2 处等，出土器物 350 余件，包括陶器、釉陶器、三彩器、瓷器、铜器、铁器及建筑构件等。其中，在横穿朱雀大街的水渠上发现了 5 座东西并列的砖砌桥基，是本次考古工作最为重要的收获。

本次发掘揭露隋唐道路 2 条，分别为隋唐长安城朱雀大街的一段（L2）和外郭城第七横街（L1）。隋唐朱雀大街是连接皇城朱雀门与外郭城明德门的南北向大街，是隋大兴、唐长安的中轴线，本次揭露部分南北残长约 25、东西残宽约 101 米。路土厚 0.2 ～ 0.4 米，红褐色，土质较硬，呈鱼鳞片状，包含开元通宝铜钱及陶瓷残片等。地势西高东低，在 Q1 北部分布有密集的南北向车辙，临近第

七横街处发现南北、东西向车辙交错分布。隋唐长安城外郭城第七横街在发掘区东部，东西向，与朱雀大街相交，本次揭露部分东西残长 81、南北残宽 23.6 米。路土厚约 0.5 米，红褐色，土质较硬，呈鱼鳞片状，路面可见较为密集的东西向车辙。

隋唐渠沟 2 条。其中，一条为横穿朱雀大街的水渠（G1），位于外郭城第七横街南侧、安仁坊北侧，东西向，发掘部分残长 135 米。土壁，剖面为口大底小的梯形，口宽 4 ～ 4.7、底宽 1 ～ 1.2、深 2.8 ～ 3.3 米。沟内填淤土，出土隋五铢、开元通宝以及陶背水罐、陶弦纹罐、绿釉碗、白瓷碗、白瓷盆、青瓷盏、青瓷执壶、黑釉唾壶、莲纹瓦当等。另一条为朱雀大街的东侧路沟（G2），南北向，与 G1 交汇，发掘部分残长 42 米。土壁，剖面为口大底小的梯形，口宽 3.5 ～ 4、底宽 1 ～ 1.3、交汇处以北深 2.4 ～ 2.8 米，交汇处以南沟底稍高，似有挡水的堤堰，出土隋唐铜钱以及陶盏、陶罐、陶背水罐、白瓷盒、褐釉双鱼壶、莲纹瓦当等。

在横穿朱雀大街的水渠（G1）上发现 5 座东西并列的砖砌桥基，建于生土二层台上，间距

发掘区全景正射影像（上为北）
Orthophotograph of the Excavation Area (Top is North)

桥基 Q3 正射影像（上为北）
Orthophotograph of Bridge Foundation Q3 (Top is North)

桥基 Q1 正射影像（上为北）
Orthophotograph of Bridge Foundation Q1 (Top is North)

安仁坊角门外水渠内涵洞南岸
South Bank of the Culvert in the Drain Outside the Corner Gate of Anrenfang

11.23～11.6 米。桥基上原修有木桥，皆为南北向。桥基在渠岸两侧叠涩砌砖，砖墙外开挖有方槽，侧边以砖封口，其下铺设石础，上原安置的木柱已腐朽无存，木柱周边或有填塞砖块。居中桥基（Q3）最宽，保存较好的南岸砖基东西长 7.35、残高 0.12～0.81、厚 0.34 米。砖基北侧发现础坑 5 个，尚存础石 3 个。此外，在其北岸砖基上发现有打破砖壁的柱洞，南北桥基外靠近渠岸一侧发现有与砖墙平行的横向木柱，为后期修补遗迹。两侧的 4 座桥基略窄，完整者南北两侧各存础石 4 对。东起第一座桥基（Q1），北岸砖基口残长 6.28、底长 5.8、残高 0.34～0.53、厚 0.34米，北壁还发现砂石质础石 4 个，长 36、宽 34 厘米；南岸砖基口残长 6.5、底长 6.3、残高 0.74～1.84、厚 0.34 米。东起第二座桥基（Q2）南岸的叠涩砖墙口残长 5.6、底长 4.9、残高 1.05～1.5、厚 0.34 米。东起第四座桥基（Q4）在两侧砖基靠

近渠岸的一侧存有砂石质础石 4 对，上有柱洞痕迹，外侧砌包砖；同侧础石的中心间距 1.1～1.3 米，南北相对的础石中心间距 3.3 米。

朱雀大街东侧水沟（G2）上，还发现连接朱雀大街与外郭城第七横街的桥基 2 座（Q6、Q7），可见成排的木柱，沟壁上部残存有包砖。每座木桥原立有木柱 4 对，下承砖础。

本次在发掘区东南部还发现了隋唐长安城安仁坊西北角坊墙墙基、北坊墙角门及北侧涵洞遗迹。安仁坊西北角坊墙墙基（FQ）夯筑而成，西墙发掘部分残长约 10、北墙发掘部分残长约 13 米，墙基宽 2.85、残深 1.1、夯层厚 0.08～0.1 米。北坊墙角门距坊墙西北角仅 13 米。门址已遭破坏，未见墩台遗迹，宽度不详，推测为唐荐福寺浮图院的便门，与第七横街相通。涵洞（HD1）位于 G1 东部，东西向，由洞身和洞口组成，整体用青砖砌筑。南壁保存较好，东西通长 8.15 米。洞身

边墙主体的两端有金刚柱，洞口为雁翅墙，二者皆为磨砖对缝砌筑。

关于横穿朱雀大街的水渠，近年在外郭城第七横街南侧的丰乐坊、安仁坊北侧一线均有发现。据《旧唐书》，永泰二年（766 年）"九月庚申，京兆尹黎干以京城薪炭不给，奏开漕渠，自南山谷口入京城，至荐福寺东街，北抵景风、延喜门入苑，阔八尺，深一丈"。文献所载的黎干漕渠与本次发现的 G1 路线相近，但据考古发现的遗迹，结合测年数据，二者并非同一渠，G1 的开凿年代或早至隋或初唐。

据考古实测，朱雀大街五桥并列遗址的中桥（Q3）恰位于隋唐长安城朱雀大街的中轴线上，与明德门五门道的中门道南北相对。五座桥基年代为隋唐时期，大致可分早、晚两期。早期的五桥并列有叠涩砖基，砖基与渠岸之间竖立柱。晚期叠涩砖基多被破坏，原桥基立柱遭废弃，渠略向北扩，北侧桥基破坏较甚，渠内局部保留有 2 排或 4 排东西向木柱遗迹，或打破砖砌桥基。

朱雀大街五桥并列遗址位于皇城朱雀门外 1200 余米，与朱雀门和明德门遥相呼应，体现了都城礼制的最高等级，对于隋唐长安城形制布局及礼仪制度的研究具有重要意义。此遗址是我国目前经考古发掘的时代最早的同类遗址，是明南京内外五龙桥、明清北京内外金水桥、明清帝陵中轴线上五桥并列制度的滥觞，也是中国都城礼制文化起源、传承和发展的实物见证。

关于朱雀大街的宽度，据文献记载为"广百步"，折合今 150 米。据 20 世纪五六十年代的考古勘探资料，朱雀大街的宽 150～155 米。近年考古工作者在明德门附近开展考古工作，推测此段朱雀大街的宽度为 129.32 米。本次发掘的五桥并列遗址，中桥中心线与朱雀大街东侧水沟西岸

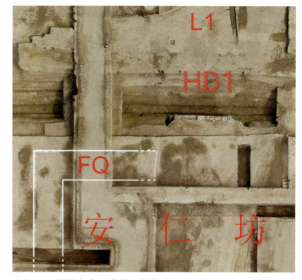

安仁坊坊墙西北角、角门与门外水渠内涵洞航拍（上为北）
Aerial Photograph of the Northwest Corner of the Wall of Anrenfang, Corner Gate, and Culvert in the Drain Outside the Gate (Top is North)

相距 63.5 米，据此推算朱雀大街的实际宽度为 127 米，与此前发现大致相符。

安仁坊北墙发现的一座角门遗址，据门外水渠上砖砌涵洞使用的手印砖等材料推测，年代大致为盛唐时期。安仁坊位于皇城之南，本来仅开东、西二门。因其西北隅唐时为荐福寺浮图院，院门北开，正与荐福寺寺门南北相对。本次发现的角门形制简单，应是荐福寺的一处便门，从一个侧面反映出唐代荐福寺布局和里坊制度的发展变化。

本次发掘为隋唐长安城街道、里坊的形制布局、渠道的开凿与走向、桥梁的设置与结构等研究提供了重要的实物资料，同时也为明清荐福寺历史沿革的研究提供了重要实证。

（供稿：张全民　冯健　吕帆）

G1 出土黑釉唾壶
Black-glazed Spit Pot Unearthed from Drain G1

G2 出土褐釉双鱼壶
Brown-glazed Pot with Double Fish Design Unearthed from Drain G2

G2 出土莲纹瓦当
Tile-end with Lotus Pattern Unearthed from Drain G2

桥基 Q2 南壁
South Wall of Bridge Foundation Q2

桥基 Q4 正射影像（上为北）
Orthophotograph of Bridge Foundation Q4 (Top is North)

From May 2021 to December 2022, the Xi'an Municipal Institute of Archaeology and Conservation conducted an excavation at the northwest corner of the Small Wild Goose Pagoda in Xi'an. The excavation area is approximately at the intersection of Zhuque Street and the seventh horizontal street of the outer city, in the northwest of Anrenfang. The discovered remains belonging to the Sui and Tang Dynasties include two roads, two drains, seven bridge foundations, two wall foundations, one gate, one culvert, etc. Five brick-built bridge foundations juxtaposed from east to west and distributed equidistantly were found on the drain across Zhuque Street, which is the most significant achievement of this archaeological project. The excavation provides critical data for studying the shape and layout of streets and residential areas, the planning and direction of drains, and the construction and structure of bridges in Chang'an City during the Sui and Tang Dynasties.

浙江温州
朔门古港遗址

SITE OF SHUOMEN ANCIENT PORT IN WENZHOU, ZHEJIANG

温州朔门古港遗址位于浙江省温州市鹿城区望江东路东段，地处温州古城朔门外，南依古城，北邻瓯江，东靠海坛山，隔江与世界历史文物灯塔——江心屿双塔遥相呼应。2021 年 10 月以来，为配合基本建设，浙江省文物考古研究所与温州市文物考古研究所组队对该遗址进行了发掘，揭露了古城水、陆城门相关建筑遗迹以及码头 8 座、沉船 2 艘、木质栈道 1 条、多组干栏式建筑等重要遗迹，出土数以吨计的各类瓷片等遗物。主要遗存年代从北宋延续至民国时期，尤以宋元为主。

遗址发掘区主要由东端水门头区、中部邻江港口区及西端南侧瓮城区三部分组成。

水门头区块位于海坛山西北麓，由奉恩水城门以外、水门河沿岸两侧的各类遗迹群组成，具体包括陡门河驳岸、陡门、桥、堤岸、斜坡式码头、宋元房址等。宋至明代，水门河道较宽，之后不断收窄，陡门、桥亦随之改变。水门河西侧土筑长堤，其临水门河一侧构筑木桩夹板护岸，西边驳岸则以块石砌筑，堤顶铺砖路，揭露部分堤长逾 32、宽约 6 米。堤北端伸出的北宋斜坡式码头（MT8），依托海坛山脚基岩而建，块石砌筑，揭露部分长 13、宽 3.5 米。北宋以前，长堤西侧仍为瓯江港湾。南宋以后，水门河西侧区块逐渐淤积、填埋成陆，并出现密集建筑群，其中一组建筑基址疑似元代浴所，

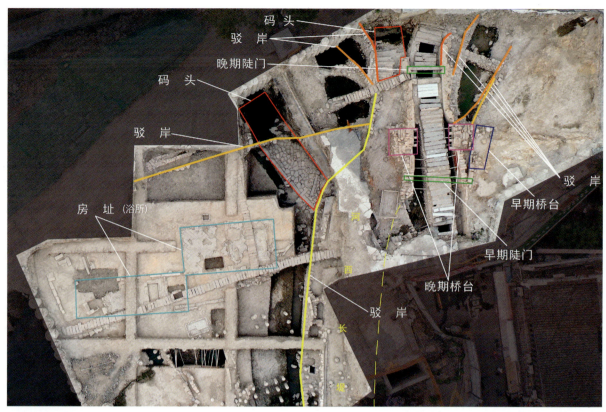

水门头区块遗迹分布图
Distribution of the Remains in the Shuimentou Area

以更衣室与沐浴室搭配成套，连接成片，面积100余平方米。

　　邻江港口区呈东西向条带状分布，沉船、码头等遗迹多见于此。两宋时期的突堤式码头，呈多级月台状，石边土心结构。为适应滩涂环境，边墙底部用木桩打底和横木铺垫，外加木桩围护，路面铺河卵石及碎石。其中3号码头前端台地当中铺平整方砖，下垫衬木板，长13.8、宽4.3米。码头多呈窄条形，6、7号码头较宽，其中6号码头宽10.3米，体量较大。遗址发现的两艘宋代沉船均为福船。1号沉船残存船舱7段，壳板作鱼鳞状搭接，并楔有铁钉，残长12.4、残宽4.1米，推测全长约20米，舱内出有"大观通宝"铜钱1枚。2号沉船仍在发掘。栈道遗迹位于瓮城北面，做工规整，残存桩基7组，长16.2、宽2.6米，据相关文献记载，栈道附近即馆驿所在。栈道以东，分布多组干栏式建筑遗迹，其中F9规模较大，宽约6、进深12米，发现木骨泥墙5道，每道墙有中柱和边柱，柱桩埋深约3米，柱间以竹片、藤条编织墙骨。

　　瓮城区块发现早、晚两期瓮城基址及砖、石道路等遗迹。早期瓮城城墙平面呈圆弧形，石壁土心，基址厚4米，年代约为宋元时期；晚期瓮城改为方形，内外壁以条石垒砌，墙体增厚，基址厚5.3米，年代为明清时期。瓮城东门外发现有叠压打破关系的三期道路遗迹：早期为瓮城外的环形土路；中期为宽近4米的宋代青砖直路，后增建环形砖路；晚期为明清及近代条石直路。城址外围地下还发现有多条石砌排水沟。

　　遗址瓷片堆积多呈条带状集中分布，形成于元代，九成以上来自龙泉窑，且绝大多数无使用痕迹，应为贸易瓷在储存、转运过程中的损耗品。其他窑系有建窑系黑釉瓷、义窑和湖田窑青白瓷及瓯窑褐彩青瓷等。地层中也出土有大量瓷片。部分瓷器外底有墨书，如姓氏、姓氏＋"直"或"直""纲"等字。

　　此外，遗址中还出土了漆木器、琉璃器、贝壳、植物标本等丰富遗存。

　　本次对朔门古港遗址的发掘有以下重要意义。

　　第一，发掘揭露的一系列遗迹重现了宋元温

州港的"一片繁华"景象，是我国城市考古、港口考古的重大收获。

温州古城选址于江海交汇的瓯江下游南岸、不易淤积的优良港湾中，两侧有海坛山、郭公山拱卫，可抵御江潮冲刷和台风侵害。据弘治《温州府志》，相传郭璞卜城时见瓯江南岸九山错列如北斗，因跨海坛、郭公、松台、积谷、华盖山为城，号称斗城，并凿二十八井以象列宿。可见，温州古城选址充分考虑了城防、港口、用水等因素，堪称天选之作。

宋杨蟠曾赞叹温州"一片繁华海上头"。朔门古港遗址的发掘，生动呈现了温州古港的宏阔场景，重现了宋元时期温州古港的"一片繁华"景象。同时，突显了温州古城港、城一体的规划特色，也使本次发掘兼具城市考古和港口考古的双重意义。

第二，朔门古港遗址为温州作为龙泉瓷外销的起点港和"海丝"重要节点城市提供了关键实证。

据研究，元代晚期至明初，在印度洋地区发现的中国瓷器中，龙泉窑产品占比在80%以上；在同期的东南亚和东亚地区，龙泉窑赝品占比为50%～60%。因此，龙泉瓷被称为大航

北宋斜坡式码头（西—东）
Ramp Pier of the Northern Song Dynasty (W—E)

3号码头前部（西—东）
Front of the Pier 3 (W—E)

3号码头正射影像
Orthophotograph of Pier 3

1 号沉船
Shipwreck No. 1

干栏式房屋 F9
Stilt House F9

元代瓷片堆积
Accumulation of Porcelain Sherds of the Yuan Dynasty

海时代之前我国推出的第一种全球化商品。遗址出土的海量龙泉窑产品，实证宋元时期龙泉青瓷的大量外销，正是依托了温州古港优越的航运条件和市舶贸易港口地位。温州凭借江海中转节点而成为龙泉瓷外销的主要集散地，加之温州地处宁波与泉州两大港中间，连通南北航路，多渠道并举，成就"天下龙泉"的旷世场景，也印证了温州港的"海丝"重要节点及在龙泉瓷贸易中的枢纽港地位。

第三，朔门古港遗址是"海丝"港口城市的经典样本和"海丝"申遗的支撑性遗产点。

港口是海上丝绸之路的核心节点。朔门古港与106座世界历史文物灯塔之一的江心屿双塔隔江呼应；北宋元祐五年（1090年）"岁造船以六百只为额"（《宋会要辑稿·食货五〇》）的温州造船场紧邻古港西侧郭公山西麓；东侧海坛山顶坪原建有海神庙（始建于唐代，由官方祭祀）、杨府庙（内供奉海船模型），山麓有平水王庙。朔门古港集齐各大要素，遗迹全、规模大、体系完整、内涵丰富，是集城市、港口、航道航标三位一体的完整体系，堪称国内仅有、世界罕见。对于当前"海丝"申遗工程而言，朔门古港遗址填补了遗产体系的关键缺环，堪称人类航海文明史上具有突出价值的港口类遗产。

第四，温州朔门古港遗址承载着独特的海洋文化信息，进一步丰富了中国古代海洋文明内涵。

三面环山、一面向海的特殊地理环境赋予温州鲜明的海洋文化特质。温州经济结构以渔、盐等海洋产业及工商业为主，史称"海育多于

瓮城基址
Barbican Foundation

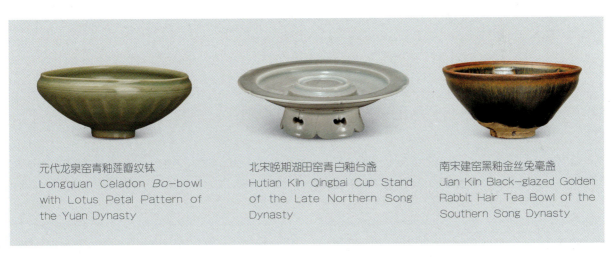

元代龙泉窑青釉莲瓣纹钵
Longquan Celadon *Bo*-bowl with Lotus Petal Pattern of the Yuan Dynasty

北宋晚期湖田窑青白釉台盏
Hutian Kiln Qingbai Cup Stand of the Late Northern Song Dynasty

南宋建窑黑釉金丝兔毫盏
Jian Kiln Black-glazed Golden Rabbit Hair Tea Bowl of the Southern Song Dynasty

地产，商舶贸迁"。温州又是"百工之乡"，宋代温州漆器"天下第一"，是当时著名的纺织品和漆器生产中心，产品畅销海内外。特别是南宋以叶适为代表、与朱熹"理学"和陆九渊"心学"鼎足而立的永嘉学派，反对传统农耕文明的重本抑末思想，主张"义利并举"，通商惠工，堪称中国古代海洋文明在思想领域的一大突破，影响深远。从宋代永嘉学派的诞生地到当代民营经济的重要发祥地，遗址承载着独特的海洋文化和精神信仰，绵延千年，极大丰富了古代中国海洋文明内涵。

（供稿：梁岩华　罗汝鹏　刘团徽　伍显军）

北宋晚期龙泉窑青釉篦划莲花折扇纹碗
Longquan Celadon Bowl Incised with Lotus and Folding Fan Design of the Late Northern Song Dynasty

北宋龙泉窑青釉如意足熏炉
Longquan Celadon Incense Burner with Ruyi-shaped Base of the Northern Song Dynasty

北宋晚期龙泉窑青釉篦划花卉纹盘
Longquan Celadon Plate Incised with Floral Pattern of the Late Northern Song Dynasty

元代龙泉窑青釉八思巴文碗
Longquan Celadon Bowl Inscribed with Phags-pa Characters of the Yuan Dynasty

南宋青釉褐彩鱼纹洗
Celadon Washer with Brown-painted Fish Design of the Southern Song Dynasty

北宋瓯窑青釉剔刻花卉纹瓜棱执壶
Ou Kiln Celadon Melon-shaped Ewer with Carved Floral Pattern of the Northern Song Dynasty

"庚戌温州屠七叔上牢"铭漆碗
Lacquer Bowl with Inscriptions "Gengxu Wenzhou Tu Qishu Shang Lao"

明代龙泉窑青釉"大顺元年"款三足炉
Longquan Celadon Three-legged Burner of the Ming Dynasty with Inscriptions "Da Shun Yuan Nian" (The First Year of the Dashun Era)

The Site of Shuomen Ancient Port is located in the east section of Wangjiang East Road in Lucheng District, Wenzhou City, Zhejiang Province. It is on the north of the Shuo Gate (Shuomen) of Wenzhou Ancient City, adjacent to Ou River in the north and Haitan Mountain in the east; across the river are the twin towers of Jiangxin Island, the latter are on the list of the Historical Lighthouses of the World. The Zhejiang Provincial Institute of Cultural Relics and Archaeology has excavated the site since October 2021 and discovered the architectural remains related to the water and land gates of the city, eight piers, two shipwrecks, one wooden plank road, multiple stilt architecture, tons of porcelain sherds, etc. The remains are primarily dated from the Northern Song to Yuan Dynasties and proceeded into the period of the Republic of China. The excavation vividly illustrates the grand historical scene of this ancient port and provides critical evidence that Wenzhou has been the starting port for exporting the Longquan porcelain and an important node on the web of the "Maritime Silk Road".

浙江杭州
净慈寺遗址

SITE OF JINGCI TEMPLE IN HANGZHOU, ZHEJIANG

净慈寺坐落在浙江省杭州市南屏山中峰慧日峰下，为全国重点文物保护单位"西湖十景"之"南屏晚钟"的重要组成部分，也是杭州西湖文化景观的重要遗产构成要素。

该寺始建于后周显德元年（954年），由五代吴越忠懿王钱弘俶创建，至今已历千余年，初名"慧日永明院"。两宋时，寺院臻于鼎盛。南宋建炎二年（1128年），敕改"净慈禅寺"。绍兴十九年（1139年），又改称"净慈报恩光孝禅寺"。嘉定年间，朝廷品定江南诸寺而敕定禅宗"五山十刹"，净慈寺以"闳胜甲于湖山"而名列"五山"之一。绍定四年（1231年），石田法薰凿双井于殿前。淳祐十年（1250年），理宗命建千佛阁，

并御书"华严法界正遍知阁"，之后规模与灵隐寺相仿，"南有净慈，北有灵隐"即由此而出。明、清以后屡有毁建。

2021年4月至2022年5月，杭州市文物考古研究所对净慈寺改复建工程地块进行了考古发掘，发掘面积3000平方米。发掘区位于净慈寺西南部，东邻观音殿和演法堂，分为A、B两区，发现了包括八边形建筑基址在内的多组大型建筑基址，出土陶瓷器、建筑构件等650余件。

A区主要发现建筑基址3处（编号JZ3～JZ5）。

JZ3规模最大、保存最好。整体南高北低，方向353°，与寺院整体朝向一致。基址以八边

发掘区全景正射影像（上为北）
Orthophotograph of the Excavation Area (Top is North)

形夯土台基为中心，周围以天井围合，台基北侧有踏步，南侧通过连廊与JZ4相连，构成该组建筑的中轴线，东西两侧各设南北向长廊环抱，台基东侧有连廊与东廊道相接。

八边形夯土台基边长7.5、对径19.5米，以红土夯筑而成，外围以4层长方形砖包砌。台基上残存两个边长约0.8米的柱础及一块残断的础石，根据二者痕迹分布推断，台基上原建有八边形建筑，有内、外两圈柱网，外圈柱网间距约6米（础心距），内圈柱网间距3.7米（础心距），内、外圈柱网间距3米（础心距）。台基中部清理出一长方形坑，东西向，打破生土，推测为放置建筑下瘗埋物之用。台基上残存小片方砖铺地，铺砌方向朝台基中央，自中心做出向八个角放射的八条分符。

天井和散水均以香糕砖侧砌为"人"字纹，除西南部外，均有灰浆痕迹。整体南高北低，高差可达1.2米，天井、散水和排水沟借地势构成了完善的排水系统。

南侧连廊平面基本呈正方形，边长约7米。

JZ3 砖砌天井及石质排水沟局部（上为北）
Partial of the Brick-built Sky Well and Stone-built Drainage Ditch of the Building Foundation JZ3 (Top is North)

东西两边以 3 层长方形砖包砌，最外层施灰浆，部分砖侧面有疑为"二""一万"的铭文。东北部包边尚存红色砂石质压阑石及小片方砖铺地。

东侧连廊东西长约 3.7、南北宽约 8 米。南北两侧外围以 3 层砖包砌，靠内的 2 层以长方形砖错缝平铺，用砖规格不一，最外层错缝平砌 1 层香糕砖，施用灰浆。据其与天井和散水的连接方式推断，其修筑时间应晚于天井及散水。

西侧长廊，南北向，南高北低。东西两壁均以 2 层长方形砖包砌，厚约 0.35 米，外层砖施灰浆，最高处残高 0.55 米。廊道东南部现存一白色石柱础，边长约 0.63 米，另在长廊西北侧发现一磉墩，以土石夯筑而成，边长约 0.75 米，距二者位置推测，长廊开间约 3.2 米（础心距）。

JZ4 位于 JZ3 南侧，呈东西向长方形，东西残长 24.7、南北残宽约 16 米。北侧残存砖砌包边，厚 3 层砖，灰浆主要施用于外层砖和靠上层砖。通过探沟揭露了台基的西南角，发现台基西侧和南侧包边厚 2 层砖，不见灰浆痕迹。台基上地面铺砖均已不存，仅在东南部发现 4 个边长 1.24 ～ 1.5 米的磉墩。

JZ5 呈南北向长方形，已揭露部分南北长 25、

JZ3 八边形夯土台基砖砌包边（西—东）
Brick-built Hemming of the Octagonal Rammed-earth Platform of the Building Foundation JZ3 (W-E)

JZ3 东侧连廊下暗沟花口
The Opening of the Hidden Ditch under the East Connecting Corridor of the Building Foundation JZ3

东西宽 10 米。东、西两侧分别通过踏步或连廊与其他建筑相连。台基东、西两侧以 2 层长方形砖包砌，台基表面残存长方形铺地砖，呈"人"字形平铺，砖下有石灰面。台基上残存 9 个础石，白色石质或红色砂石质，边长约 0.65 米。据础石位置及分布推测，该建筑可能为面阔七间，进深三间，坐西朝东，当心间正对八边形台基，或为其附属建筑。

B 区主要由建筑基址 3 组和庭院 1 处构成，保留了由散水、明沟、暗沟和窨井等构成的完善的排水系统，并在庭院区域发现了水井。

水井开口于第②层下，据出土器物推测，其废弃于清代。井口直径约 1.8 米，至深 7.9 米处收窄，直径 0.83 米，深约 11.2 米。红砂石质八边形井圈。根据文献记载并综合水井位置判断，此井应为开凿于北宋熙宁年间的圆照井遗迹。

本次发掘为了解净慈寺不同时期的主要建筑的特点、营造手法、规模和形制提供了考古资料，对研究古代寺院建筑和"五山十刹"建筑形制具有重要意义和价值。

本次考古发掘发现了一组由八边形夯土台基、天井、连廊、踏步、散水、排水沟等组成的大型建筑遗迹，规模宏大，结构清晰，保存状况较好。根据地层叠压关系、建筑做法、出土器物特征及测年数据等初步判断，此组建筑营建年代上限不早于五代晚期至北宋早期，废弃年代可能在南宋末至元初。同时，此组大型建筑基址与《净慈寺旧志》所载罗汉堂的位置高度一致，其在大殿以西，位置与文献记载的"圆照井"方位可相互对应，推测建筑可能与五百罗汉堂（院）有密切联系。

这组由八边形夯土台基组成的大型建筑基址，坐南朝北，与寺庙的整体朝向一致。西湖周边很多佛寺的朝向都非坐北朝南，如南高峰塔遗址为坐西朝东，圣果寺遗址与北高峰塔遗址均为坐西北朝东南。究其原因，一方面因为山地寺庙地理位置等因素的影响，建设时需因地制宜，依山就势而建；另一方面则是为了面向西湖或钱塘江。

（供稿：孙媛　郭贵诚）

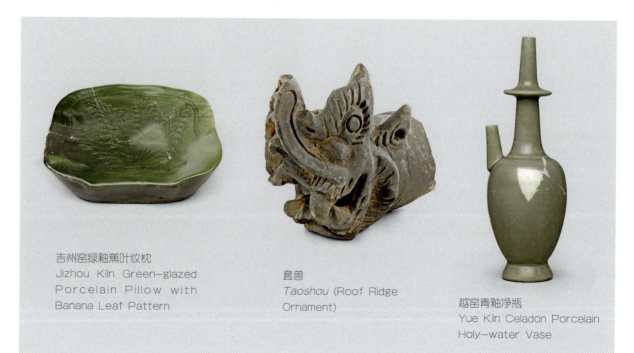

吉州窑绿釉蕉叶纹枕
Jizhou Kiln Green-glazed Porcelain Pillow with Banana Leaf Pattern

套兽
Taoshou (Roof Ridge Ornament)

越窑青釉净瓶
Yue Kiln Celadon Porcelain Holy-water Vase

B 区航拍（上为北）
Aerial Photograph of Area B (Top is North)

JZ3 铭文砖
Inscribed Brick of the Building Foundation JZ3

圆照井遗迹（上为北）
The Remains of the Yuanzhao Well (Top is North)

The Jingci Temple is located at the foot of Huiri Peak, the middle peak of Nanping Mountain in Hangzhou City, Zhejiang Province. From April 2021 to May 2022, the Hangzhou Municipal Institute of Cultural Relics and Archaeology excavated 3,000 sq m in the southwest area of the Jingci Temple and divided it into A and B areas. Area A found a group of large building foundations in a rectangular shape facing north, consisting of the octagonal rammed-earth platform, sky well, connecting corridors, steps,

apron, drainage ditch, etc. They were constructed no earlier than the late Five Dynasties to the early Northern Song Dynasty and approximately abandoned during the late Southern Song to the early Yuan Dynasties, with a close relationship to the Hall of the Five-hundred Arhats in the Jingci Temple. The excavation provides important data to understand the characteristics, construction technology, scale, and structure of the main buildings of Jingci Temple in different periods.

河南开封
州桥及附近汴河遗址

THE ZHOU BRIDGE AND NEARBY BIAN RIVER SITE IN KAIFENG, HENAN

州桥位于河南省开封市中山路与自由路十字路口南约 50 米，是北宋东京城御街与大运河（汴河段）交叉点上的标志性建筑，始建于唐建中年间（780 ~ 783 年），后经五代、宋、金、元、明，至明末崇祯十五年（1642 年）被黄河洪水灌城后的泥沙淤埋。1984 年，考古部门曾对州桥遗址进行了局部试掘，砖石结构的桥面顶端距地表 4.5 米，保存基本完好。2018 ~ 2022 年，河南省文物考古研究院和开封市文物考古研究所联合对州桥及附近汴河遗址进行了发掘，发掘面积 4400 平方米。

东侧汴河河道发掘面积 1400 平方米，平均发掘深约 11 米，局部深达 13.5 米。南北两岸的宋代河堤已完全揭露，同时清理出唐宋至明清时

期的汴河河道遗存。该区域唐宋时期汴河宽 25 ~ 28、河堤距地表 9.5 ~ 10、河底最深处距地表 14.5 米。金代河道逐渐淤没、变窄，河道宽 22 ~ 24、河堤距地表 9.2 ~ 9.5 米，金末汴河遭受洪水淤没。元代河道继续变窄，发现元代"木岸狭河"工程遗迹，河道宽 13 ~ 15、河堤距地表 7.4 ~ 8 米。明代汴河河道逐渐被侵占，河道之上修建有房屋建筑，其余部分逐渐变为城内排水沟。明代初期河道宽 25 ~ 28、河堤距地表 6 ~ 7 米，明代末期河道顶部宽 6 ~ 8、河道底部宽 2 ~ 4、河堤距地表 4.5 ~ 5.5 米。清代汴河经过简单疏浚，河道宽 13 ~ 14、河堤距地表 3 ~ 3.5、河底距地表 4.5 ~ 5.3 米。

西侧州桥本体区域发掘面积约 3000 平方米，清理出明代晚期金龙四大王庙、明末洪水遗迹、清代道路（8 层道路）以及建筑遗迹等。倒塌房屋、砖瓦堆积、人骨遗骸等现象说明州桥桥面淤没于 1642 年洪水。

金龙四大王庙庙址位于州桥东侧河道中间，其下为一座青砖单拱券桥。青砖单拱券桥与州桥涵洞相通，东西长 8.7、南北宽 9.4 米。用石磨、石碾在河道淤泥上做基础，其上构建桥梁，既可通水，亦是金龙四大王庙殿址的基础。砖桥时代不早于明万历年间。

州桥桥面南北长 25.4、东西宽约 30 米，南北桥台东西两侧各展出 10 米雁翅，总宽约 50 米。桥面中间略高，与两侧路面高差 0.5 ~ 0.6 米。桥台东侧雁翅上残留有栏杆地栿石，雁翅金刚墙上部用青砖错缝平砌，下部用石条平砌。桥券用

明代晚期汴河河道堆积（东—西）
Accumulations of the Late Ming Dynasty in the Watercourse of the Bian River (E-W)

汴河故道明代晚期建筑堆积（北—南）
Accumulations of Buildings of the Late Ming Dynasty in the Watercourse of the Bian River (N–S)

青砖砌成，厚6层，三券三伏。券脸用斧刃石砌筑，桥孔两侧金刚墙用青石条东西顺砌，高2.88、矢高3.7、总高6.58、桥孔宽5.8米。桥孔横截面近城门洞形。

根据考古发掘结果并参考文献资料推测，宋代州桥为柱梁平桥，桥下密排石柱，现已不存。现存州桥为明代早期修建，是在宋代州桥桥基基础上建造的单孔砖券石板（拱）桥。

在州桥东侧的汴河河道南北两岸发现有宋代巨幅石雕祥瑞壁画遗存，其上雕刻有海马、瑞兽、祥云等。目前揭露的北侧石壁顶部距地表约6.8米，石壁通高5.3米，雕刻纹饰的石块共16层，通高3.3米，现已揭露长21.2米。揭露的南侧石壁顶部距地表约6.7米，石壁通高5.4米，雕刻纹饰的石块共17层，通高3.4米，现已揭露长约23.2米。石壁中一匹海马、两只仙鹤构成一组图案，每组图案长约7.5米，推测每侧石雕壁画共有4组图案（已完整揭露3组，另有1组被明代州桥雁翅所遮挡），推测每幅石雕壁画总长度约为30米。

从目前发掘情况可知，石壁底部至少有两层

元代"木岸狭河"遗存
The "Mu An Xia He (Wooden Bank and Narrowed River)" Remains of the Yuan Dynasty

方木，上窄下宽铺垫，方木以上先用6层高约2米的素面青石条错缝垒砌（最底层青石条丁砌，以上5层均为平砌），再上为雕刻有纹饰的青石条平放错缝垒砌（青石条规格不一，分别为87×20、84×30、90×16厘米）。青石条之间的黏合剂以沙石为主，并掺杂少量石灰，极其坚固。最上层已被破坏，现存部分为明代青砖错缝补砌而成。

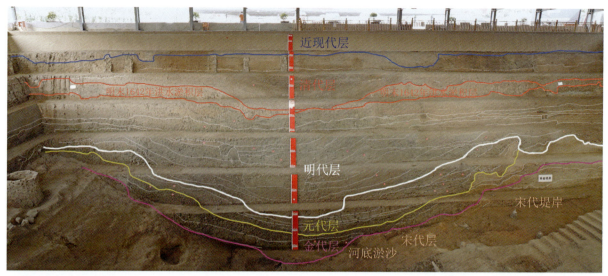

汴河西壁剖面（东—西）
Profile of the West Wall of Bian River (E-W)

州桥本体上清代道路剖面（西—东）
Profile of the Qing Dynasty Road on the Main Body of Zhou Bridge (W-E)

　　石壁自下而上第七层起为雕刻层，每块青石上均有编号。北侧石雕壁画编号自西向东为"坐十二、坐二十""上十五、上二十二"，自下向上为"上十七、士十八""由十八、山十六"等。编号首字取自中国传统习字蒙书教材《上大人》"上士由山水，中人坐竹林，王生自有性，平子本留心"。南侧石雕壁画编号自西向东为"宙十八、宙十九""荒二十三、荒二十四"，自下向上为"天二十八，地三十一""元二十二，黄

二十"等。编号首字取自《千字文》"天地元黄、宇宙洪荒、日月盈昃、辰宿列张"。

　　除揭露汴河河道及其南北两岸、州桥本体外，另发现有不同时期的灰坑 44 个、墓葬 2 座、水井 6 口、房屋建筑基址 35 座、灶 8 座、排水道 12 条、沟 1 条。出土了大量瓷片、陶片、砖瓦碎片、铜器、铁器、玉器、骨器、琉璃器、动物骨骼等。初步统计出土遗物 6 万余件，以瓷器为主。

　　州桥遗址的发掘，对于研究北宋东京城的

州桥遗址全景（东南—西北）
Full View of the Site of Zhou Bridge (SE-NW)

州桥遗址全景及房屋倒塌堆积（南—北）
Full View of the Site of Zhou Bridge and Accumulations of Collapsed Houses (S-N)

北宋陶船灯
Pottery Boat Lamps of the Northern Song Dynasty

州桥东侧汴河北岸石壁
Stone Wall on the North Bank of Bian River and East Side of Zhou Bridge

州桥东侧汴河南岸石壁
Stone Wall on the South Bank of Bian River and East Side of Zhou Bridge

州桥东侧汴河北岸石壁效果图
Rendering of the Stone Wall on the North Bank of Bian River and East Side of Zhou Bridge

州桥东侧汴河南岸石壁文字"洪廿八"
Inscriptions "Hong 28" on the Stone Wall on the South Bank of Bian River and East Side of Zhou Bridge

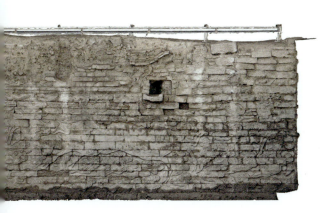

城市布局结构具有重要意义，为探讨北宋时期国家政治、经济、文化、礼仪等提供了重要材料。本次考古发掘首次完整揭露出唐宋至清代开封城内的汴河形态，展示了自唐宋至清代汴河开封段的修筑、使用、兴废等发展演变过程，还原了大运河及东京城繁荣的宏大历史场景，填补了中国大运河东京城段遗产的空白，为研究中国大运河及其变迁史提供了考古实证，为我国古代桥梁建筑技术等研究提供了新的重要资料。州桥石壁是目前国内发现的北宋时期体量最大的石刻壁画，代表了北宋时期石作制度的最高规格和雕刻技术的最高水平，填补了北宋艺术史的空白，见证了北宋时期国家文化艺术的发展高度。

（供稿：周润山）

北宋景德镇窑青白釉花卉纹碟
Jingdezhen Kiln Qingbai Dish with Floral Design of the Northern Song Dynasty

清早期景德镇窑青花诗文盘
Jingdezhen Kiln Blue and White Poetry Plate of the Early Qing Dynasty

清代"荆记肉铺"瓷碗
Porcelain Bowl Marked "Jing Ji Rou Pu (Jing's Butcher Shop)" of the Qing Dynasty

明代景德镇窑青花水草浮蟹杯
Jingdezhen Kiln Blue and White Cup with Water Grass and Floating Crab Design of the Ming Dynasty

明晚期景德镇窑青花花卉纹罐
Jingdezhen Kiln Blue and White Jar with Floral Design of the Late Ming Dynasty

北宋景德镇窑青白釉熏炉
Jingdezhen Kiln Qingbai Incense Burner of the Northern Song Dynasty

元代青白釉高足杯
Qingbai Stem Cup of the Yuan Dynasty

金代红绿彩花卉纹碗
Red and Green Enameled Bowl with Flower Design of the Jin Dynasty

金代钧釉碗
Jun-glazed Bowl of the Jin Dynasty

明代铜造像
Bronze Statue of the Ming Dynasty

明代铜造像
Bronze Statue of the Ming Dynasty

元代白地黑花瓷枕
White-ground Black-painted Porcelain Pillow of the Yuan Dynasty

The Zhou Bridge is about 50 m south of the intersection of Zhongshan Road and Ziyou Road in Kaifeng City, Henan Province. It was a landmark at the junction of Imperial Street of Dongjing City of the Northern Song Dynasty and the Bian River Section of the Grand Canal. From 2018 to 2022, the Henan Provincial Institute of Cultural Relics and Archeology collaborated with the Kaifeng Municipal Institute of Cultural Relics and Archeology to excavate the Zhou Bridge and the nearby Bian River site. Within a 4,400 sq m area, archaeologists uncovered the watercourse of Bian River, the main body of Zhou Bridge, huge stone wall murals of auspicious animals, and over 60,000 diverse artifacts, mainly porcelain. The excavation provides valid materials for understanding the evolution of Bian River's Kaifeng section from the Tang-Song to Qing periods and the construction technology of ancient Chinese bridges, placing significant value on the study of urban planning of the capital city of Northern Song Dynasty and fills the gap in the art history of this period.

北京西城
金中都光源里遗址

JINZHONGDU GUANGYUANLI SITE IN XICHENG, BEIJING

光源里遗址位于北京市西城区右安门内。2019 年起，北京市考古研究院对该遗址进行了持续性考古工作。已发掘面积 17000 平方米，揭露建筑基址、河道、道路、水井、灶和灰坑等大量遗迹，其中以 2022 年在发掘区北部揭露出的早、晚两期建筑组群和河道遗址最为重要。

晚期建筑组群由位于同一轴线上的南北两座大型殿址和东西对称的廊房组成，南北通长约 60、东西残宽 43 米。

1 号基址位于轴线南端，坐北朝南，为前方带月台的近方形建筑，台基高 0.8 米，周边以宽 1～1.25 米的瓦渣夯筑台基包边。主体建筑东西长 22、南北宽 20 米，月台东西长 14、南北宽 10 米。西南角外残存条砖墁砌的"人"字纹散水。

大觉寺晚期建筑基址
Late Building Foundation in Dajue Temple

台明残存 10 个大型磉墩，残深约 1.1 米。结合台基结构和磉墩分布，推测该建筑的柱网结构应面阔三间，进深三间。

2 号基址位于轴线北端，坐北朝南，平面呈长方形。面阔 17、进深约 12 米。东、西两侧为条形夯，东侧条形夯南北长 10.5、东西宽 2.2 米。南侧磉墩边长约 2、深 1.3 米。北侧残存 1 个磉墩，形态、规格与南侧磉墩基本一致，形制规整，制作精良。中部磉墩偏向南侧，制作粗糙，夯打草率。

3 号基址即西廊房遗址，坐西朝东，南北通长约 26 米。残存东侧磉墩 6 个，平面近方形，边

长 1.6 ~ 2 米。

4 号基址即东廊房遗址，坐东朝西，平面呈长方形，南北通长约 26、宽约 10 米。面阔五间，进深两间。共有 17 个磉墩，大部分磉墩平面近方形，边长 0.8 ~ 1.5 米。西南磉墩与其北邻的磉墩平面为东西向长条形，西南磉墩东西长 2.6、南北宽 1.4 米，北侧磉墩东西长 2.6、南北宽 1.2 米。

院落中的每个建筑均各自独立，又通过道路彼此相连。院落中心是公共空间，有"十"字形甬路通向各栋建筑。在 1 号基址北侧发现了南北向砖铺甬路，3 号基址东侧、面对公共空间处开

有门道。3号、4号基址南端的台基包边外侧均有铺砖地面的残痕，推断均有连廊与1号基址相连。

5号基址位于4号基址东侧，东侧和南侧均破坏无存，发掘部分南北残长17.4米。发现南北纵排的5个东西向条形磉墩。此外，基址西北尚存一保存较好的礓磜，东西长1.4、南北宽2.6、高0.5米。从发掘区整体布局分析，5号基址应属于同时期另一组建筑组群。

早期建筑遗迹叠压在晚期建筑遗迹下，1号基址台基部分对早期建筑有所利用。据局部解剖可知，早期应为一前方带月台的长方形建筑，东西长26、南北宽13米。南侧月台东西长12、南北宽近4米，残存南侧散水。发现砖制须弥座1个，残存圭角。2号基址下叠压的早期建筑系开挖基槽后逐层夯筑而成，地上台基部分基本无存，仅发现东西向略有规律分布的10余个磉墩。中部有小型柱础石1件，南北长0.45、东西宽0.4、厚0.06米。3号基址下叠压早期建筑夯土，4号、5号基址下叠压早期建筑的6个磉墩。

综合地层叠压打破关系及出土遗物分析，早期建筑基址时代约为辽至金大定年间，晚期建筑基址时代约为金大定至金末元初。

在遗址北侧发现一条东西向河道遗址，开口于第③层下，剖面显示河岸呈坡状，南高北低，为河流南岸。发掘区河道宽9米，河床土质较坚硬，南侧岸上遗留埽的痕迹，还有一根长1.5、直径0.14米的木桩插在岸边。河道出土了双鱼纹铜镜、金代和北宋铜钱、北宋黑定瓷片等。

根据历史地理学者以往的研究，判定该河道为辽南京南护城河，金代沿用。

光源里遗址位于金中都东开阳坊界内，在辽南京开阳门故址外东南部。《元一统志》和耶律楚材《湛然居士集》等文献均记载辽代开阳门外有义井精舍，金代皇帝赐名"大觉寺"。根据此次发现的建筑基址组群的位置及周边出土的与寺庙相关的遗物初步判断，这组建筑基址是金代大觉寺遗址。

1号基址的尺度在三开间殿堂中罕见。在目前发现的金代三开间建筑基址中，大觉寺基址规模仅小于河北张家口太子城9号基址，大于吉林安图金代长白山神庙大殿。太子城9号基址和长白山神庙大殿均为皇家建筑，表明大觉寺的建筑规格已是皇家御用级别。

5号基址礓磜遗迹
The Remains of Jiangca (Rough Rock) in the Building Foundation No.5

早期建筑须弥座
Xumi Base in an Early Architecture

1号基址附近出土了玉册、铜印，陶菩萨、天王、供养人、关公等塑像，以及凤纹瓦当、兽面纹瓦当、莲花纹滴水、望柱柱头、筒瓦、檐头瓦等建筑构件，此外还有仿铜瓷礼器、"库"字款定窑白瓷、高丽青瓷、汝瓷、龙纹瓦当、黄琉璃筒瓦等高规格遗物，表明大觉寺与皇家寺院相关，兼有供奉御容，抑或保存皇家档案的功能。

大觉寺西距皇城约900米，在辽南京开阳门之东南，地理位置非常重要。此次发现的辽南京南护城河，为辽南京城的复原研究提供了坚实的地理坐标，是辽南京考古取得的重大进展。金中都作为北京建都之始，如何利用旧有城市，如何开创新格局，怎样奠基了一代都城，从大觉寺遗址中可窥一斑，这对北京城市考古研究具有重要意义。

大觉寺遗址规模较大，结构完整、中轴对称、布局清晰，是金中都考古中唯一经全面揭露且保存较好的官式建筑群，其工程做法为金代大型建筑基址研究提供了难得的实例。1号基址属大型阁殿类建筑，目前金代考古中此类实例尚属罕见，5号基址的砖砌礓磋是金中都考古中发现的首例。大觉寺建筑群填补了金中都建筑考古的空白，对金代建筑史研究意义重大。

光源里遗址共出土了5枚玉册。据《大金集礼》记载，金大定年间，金中都集中对太祖、睿宗、世祖、太宗等举行御容供奉仪式。上述与原庙相关遗迹、遗物的发现为推动金代庙制和礼制研究提供了重要实物证据。

光源里遗址出土大量瓷器残片，窑口众多，以定窑、钧窑、磁州窑产品为大宗，另有部分邢窑、介休窑、耀州窑等产品，还发现有景德镇窑、龙泉窑、越窑等南方窑口瓷器，此外，还发现一批高丽青瓷。在大量瓷器残片中，包含部分精细定窑白瓷、汝瓷、耀州瓷、钧瓷等皇家用瓷，对金代制瓷手工业生产发展水平、金中都商贸情况、金代宫廷用瓷制度等研究有重要意义。遗址出土的煤、陶塑、铜器、骨器、琉璃构件等，为研究金代科技水平、造型艺术、手工业生产等提供了新资料，也为研究金中都丰富多彩的社会生活提供了新视角。

光源里遗址考古发现，从建筑技术和遗物风格两方面反映出女真人已经高度汉化，是从考古学视角阐释中华民族多元一体格局形成过程的典型实例。

（供稿：王继红 李永强）

龙纹瓦当
Tile-end with
Dragon Pattern

玉册
Jade Tablet

黄琉璃瓦
Yellow-glazed Tile

观音头像
Head of Guanyin

花朵纹滴水
Drip Tile with Floral
Pattern

兽面纹瓦当
Tile-end with Animal
Face Pattern

凤纹瓦当
Tile-end with Phoenix
Pattern

檐头瓦
Verge Tile

汝窑梅瓶残片
Fragment of Ru Kiln
Prunus Vase

耀州窑仿铜瓷礼器
Yaozhou Porcelain in Shape
of Ancient Ritual Vessel

龙泉窑碗
Longquan Kiln Bowl

高丽瓷碗
Goryeo Celadon Bowl

I

定窑盏
Ding Kiln Tea Bowl

东沟窑碗
Donggou Kiln Bowl

钧窑器足
Jun Kiln Foot

钧窑铁口圆盘
Jun Kiln Round Plate
with Iron Rim

钧窑葵口碟
Jun Kiln Dish with
Scalloped Rim

黑釉铁锈花盏
Black-glazed Russet-
painted Tea Bowl

The Guangyuanli Site is inside the You'an Gate in Xicheng District of Beijing. Since 2019, the Beijing Municipal Institute of Archeology has continuously excavated the site and uncovered abundant remains in types of watercourse, road, well, stove, ash pit, and large building foundation within a 17,000 sq m area. From the Dajue Temple - a superimposed courtyard site, archaeologists unearthed numerous high-standard artifacts, including jade tablet, porcelain in the shape of ancient ritual vessels, Goryeo celadon, Ru ware,

tile-ends with phoenix and dragon patterns, yellow-glazed cylindrical tiles, bronze seals, etc. The Dajue Temple is the largest official architectural site found in Jinzhongdu (the Central Capital of the Jin Dynasty), maintaining a clear and complete axisymmetric layout. Its discovery places great value on the urban archaeology of Beijing, architectural archaeology and ceramics archaeology of the Jin Dynasty, as well as studies of Jinzhongdu's urban planning and temple and ritual systems of the Jin Dynasty.

黑龙江阿城金上京遗址
2022 年发掘收获

EXCAVATION RESULTS OF SHANGJING SITE OF THE JIN DYNASTY IN ACHENG, HEILONGJIANG IN 2022

金上京城，即上京会宁府遗址，是金代的早期都城，位于黑龙江省哈尔滨市阿城区南郊，地处阿什河左岸。自金太祖完颜阿骨打建国称帝，至海陵王完颜亮贞元元年（1153 年）迁都至金中都燕京（今北京市），金朝以上京为都城，前后经历四帝 38 年。1982 年，金上京遗址被国务院公布为第二批全国重点文物保护单位。

金上京城由毗连的南、北二城组成，平面近曲尺形。两城总周长约 11 公里，总面积约 6 平方公里。城墙上筑有马面、角楼等防御设施，并有多个城门，部分城门外有瓮城。

2013 年起，黑龙江省文物考古研究所先后对外城城垣、外城门址、皇城及皇城外道路系统进行了考古发掘，并重点对皇城及南城开展较为系统的考古勘探，基本厘清了皇城的建筑布局、特征和范围。为深入了解皇城内建筑的基本特征和历史沿革，2022 年 6 ~ 11 月，黑龙江省文物考古研究所、北京大学考古文博学院等单位联合对金上京遗址皇城东南部建筑址进行了考古发掘，发掘面积约 1000 平方米。

皇城东南部区域分布 4 座相同结构和规模的建筑址，对东南角的 1 号台基址（TJ1）进行发掘。1 号台基址开口于表土层下，平面呈长方形，东西长 42.1、南北宽 13.4、最高 0.4 米。TJ1 由黄褐色土夯筑而成，夯土厚 0.9 米，夯层不明显，质地较坚硬。台基表面较平整，中部略高，残存少量铺地砖。台基上均匀分布 4 排 11 列共 44 个方形磉墩，其上残存础石残块，础石下铺细沙找平。磉墩打破夯土及生土，口大底小，自下而上以碎砖瓦和黄黑色土交替夯筑，边长 1.4 ~ 1.5、厚约 0.9 米，夯层厚 0.05 ~ 0.07 米。

从磉墩柱网分布看，台基整体为面阔十间、进深三间的布局，共三十间。以磉墩中心点测，东西间距约 4、南北间距约 3.8 米。台基边缘筑有宽 0.4 ~ 0.5 米的包砖墙，包砖墙外侧有方砖铺设的散水。台基南侧边缘东西四分之一的位置各有一踏道，形制相同，长条青砖横立砌成台阶状斜坡，南北长 1.7、东西宽 2.2 米。其南侧有一条东西向道路与两条踏道连通。台基周边的倒塌堆积分布有一定规律，集中分布在台基的北、东、南三侧，西侧基本不见。台基北侧清理出两处大面积木炭堆积，明显可辨木构件痕迹，木材树种经鉴定为松木，推测是木窗框构件残留。

该建筑址的东侧有一座小型房址（F1）。F1 西侧依附于 1 号台基址。F1 开口于表土层下，南北长 7.2、东西宽 3.6 米。仅存北墙砖基保存较好，墙外铺有散水砖。屋内地面通铺青砖，房址东部筑有带三条烟道的砖砌火炕，火炕南北长 5.7、东西宽 1.48 米。东南角有一灶址与火炕相连。灶址为砖筑，由操作间和火膛组成，火膛北侧有三条出烟口分别连接火炕的三条烟道。门道开在南墙上，虽破坏严重，但门址基础尚可见，门外南侧有铺砖甬路。推测 F1 为 1 号台基址的守卫房，建成年代稍晚于 1 号台基址。

1 号台基址周边共清理出附属道路 3 条，其中 2 条为青砖铺筑，1 条为石子夯筑。发掘区东南部的砖路（L1），发掘部分呈 L 形，宽 0.9 ~ 2.2 米。由长条青砖铺设，西部保存较好，东部铺砖缺失严重，但铺砖用的白灰痕迹明显可见。L1 东侧与 1 号台基址散水相接，连通 F1 南门。

1 号台基址东南角包砖墙基槽及散水
Foundation Trench and Apron of the Brick Wall in the Southeast Corner of the Foundation No. 1

1 号台基址磉墩基础
Plinth Foundation of the Foundation No. 1

1 号台基址周边瓦片堆积
Accumulation of Tiles Around the Foundation No. 1

1 号台基址东踏道（南—北）
Eastern Steps of the Foundation No. 1 (S-N)

1 号台基址西踏道（南—北）
Western Steps of the Foundation No. 1 (S-N)

1 号台基址北侧的木构件遗存
Wooden Components on the North Side of the Foundation No. 1

1 号台基址南侧石子路（L2），平面呈长条形，东西平行于 1 号台基址，与 1 号台基址夯土台直线距离 2 ～ 2.2 米，连通 1 号台基址南侧的两条踏道。L2 上层由河卵石铺设，河卵石下为垫土，L2 中部最厚，厚约 0.2 米。L2 南北宽约 3、发掘部分东西长 39.75 米，继续向西侧延伸。L3 位于 1 号台基址北侧，平面呈长条形，东西平行于 TJ11，与 1 号台基址夯土台直线距离 2.7 ～ 2.85 米。L3 为砖砌路，路面由长条青砖横向立砌，残存 1 ～ 17 排，仅一层，青砖下为一层沙子垫层。L3 破坏较严重，残存东、西两部分。路东部分残长 3、残宽 1.2 米，路西部分残长 6、残宽 1 米。

1 号台基址上未见取暖设施类遗存，仅见极少量生活类器物，故而可以排除其用于居住的功能属性。结合该建筑址所处皇城东南角的位置，推测其为皇城内重要建筑址附属的府库类建筑。

通过对台基址的局部解剖发掘，发现多处早晚叠压地层。在 1 号台基址西北侧的 1 号解剖沟（JG1）中发现了两座平行分布的窑址。窑址开口于 1 号台基址西北侧夯土以下地层中，其中一座大部分叠压于 1 号台基址夯土下。另外一座为馒头窑，半地穴式，南北向，残长 7.2、最宽 4.35 米。由操作间、窑门、火道、燃烧室和窑床构成。除操作间直接掘土而成外，其他部分皆由耐火砖砌筑。窑上部坍塌，

175

基础部分完好。窑床面中部已烧成青灰色烧结硬面，其余部分呈砖红色。燃烧室和操作间内残留少量木炭，根据发现的木炭分析，该窑址以木柴作为燃料。操作间内出土了铜钱、铁削刀、铜簪、陶瓷器残片等。两座窑址开口在同一层位，位置紧邻，应为同时建造，推测是营建皇城时烧砖所用。窑址和建筑址的年代皆为金代，窑址年代早于 1 号台基址。

在 1 号台基址东北侧 2 号解剖沟（JG2）及西南侧 3 号解剖沟（JG3）内，皆清理出叠压于 1 号台基址夯土下的早期夯土及磉墩遗迹。在 1 号台基址东南侧 4 号解剖沟（JG4）内，发现叠压于 1 号台基址周围地面地层的早期夯土及磉墩遗迹。可见在 1 号台基址建成前，该区域存在大量早期建筑。

出土器物主要为建筑构件，包括大量砖瓦和建筑饰件，其中瓦件以板瓦为主，仅见极少量筒瓦。另见少量陶瓷器残片，器形有盆、罐、盘等；铁器以铁钉为主；铜器有带扣、簪和少量铜钱，铜钱以宋代钱币为主。

此次发掘的遗存年代皆为金代，大致可分为早、晚两期。其中窑址年代最早，大致为金代早期，同时期该区域还存在一些建筑址。金代中晚期建造该区域宫殿建筑时回填了窑址以及早期建筑址。

本年度发掘所揭示的金上京皇城东南部建筑址，结构清晰完整，布局规整有序。多处早、晚叠压遗迹的发掘，进一步明确了该区域至少存在金代早、晚两个时期的遗存。所获资料对了解金代建筑技术、皇城内建筑时序等具有重要学术价值，为全面深化认识金上京皇城布局与沿革增添了重要的考古学材料。

（供稿：赵永军　刘阳　田申）

F1（上为东）
House Foundation F1 (Top is East)

L1（东—西）
Road L1 (E-W)

L2（西—东）
Road L2 (W-E)

L3（东—西）
Road L3 (E-W)

1 号窑址（上为西）
Kiln Site No. 1 (Top is West)

铜带扣
Bronze Belt Buckle

板瓦
Flat Tile

釉陶屋顶式装饰构件
Glazed Pottery Roof-designed Decorative Component

檐头板瓦
Flat Verge Tile

兽面纹瓦当
Tile-end with Beast Face Pattern

釉陶装饰砖
Glazed Pottery Decorative Brick

雕花砖
Brick with Carved Floral Pattern

兽面纹瓦当
Tile-end with Beast Face Pattern

兽面纹瓦当
Tile-end with Beast Face Pattern

陶套兽
Pottery *Taoshou* (Roof Ridge Ornament)

The Shangjing ("Upper Capital") City Site of the Jin Dynasty is located in the southern suburb of Acheng District in Harbin City, Heilongjiang Province. It is shaped like a T-square and consists of two adjacent cities in the south and north, with a total area of about 6 sq km. Defensive facilities such as *mamian* (wall pier) and corner tower were built on city walls, as well as several city gates, some of which found barbicans outside. From June to November 2022, the Heilongjiang Provincial Institute of Cultural Relics and Archeology and others excavated four building foundations on the southeast of the imperial city of Shangjing, involving an area of about 1,000 sq m. The four building foundations were well planned and preserved, sharing the same structure and scale. The foundation No. 1 belonged to a rectangular building with three-rowed ten-bay houses, overlaid by many early buildings. The excavation further clarifies that there are at least two groups of remains respectively belonging to the early and late Jin Dynasty in this area, which is of great academic value for understanding the architectural technology of the Jin Dynasty and the construction sequence of the buildings in its imperial city.

内蒙古鄂托克旗阿尔寨石窟寺山顶寺庙建筑遗址

ARCHITECTURAL SITE OF THE TEMPLE ON THE MOUNTAINTOP OF ARJAI GROTTOS IN OTOG BANNER, INNER MONGOLIA

阿尔寨石窟寺位于内蒙古鄂尔多斯市鄂托克旗公其日嘎苏木西南 30 公里处，高出周围地面 80 余米，山顶海拔 1460 米。该寺是内蒙古目前发现的规模最大的集寺庙、石窟、岩刻为一体的佛教建筑群，占地面积 165 万平方米，2003 年补入第五批全国重点文物保护单位。寺顶部较平坦，有 8 处建筑基址呈东西向分布于山顶南端。2022 年 6 ～ 10 月，内蒙古文物考古研究院对阿尔寨石窟寺山顶的 1 号、2 号建筑基址进行了首次考古发掘，发掘面积 760 平方米。

1 号建筑（F1）是一座带环廊的面阔五间、进深三间的寺庙建筑基址，坐北朝南，砖木结构，东西通长 23.6、南北通宽 15 米，有院落，残存墙高 1.36 米，廊宽 1.9 米，主体建筑面积 354 平方米（不含院落）。建筑内设有佛坛，供奉泥塑彩绘佛像等。

柱础　明暗柱共 44 个。其中，露明柱的柱础均为方座圆础，未见雕饰，布满斜向凿痕，方座边长 35、高 12 厘米，圆础直径 30 ～ 33、生起 7 厘米，人工凿刻规整。

墙基　以人工凿刻规整的方形和长方形两种基石双排双层交互叠压垒砌，中间以白灰黏结，厚 1.05、高 0.4 米。墙外露基石 2 层，室内露基石 1 层。外墙基下有一层厚 0.1 ～ 0.4、宽 2 米斜坡状红砂岩护坡。

墙体　内外以长方形砖单表交错垒砌，砖缝间用白灰黏结，墙内填红砂岩碎块，厚 1、残高 0.78 ～ 1 米。室内基石以上用长方形砖垒砌 5 层，之上用与砖规格相同的土坯垒砌，还在砖和土坯

中间夹一层宽 0.2、厚 0.02 米的木板以达到防潮的目的。山墙南北长 9、残高 1.2 米，北墙东西通长 17.8、残高 1.36 米。北墙室内基石之上有包砖 9 层，土坯墙表面抹草拌泥形成墙皮，墙皮厚约 0.01 米，有红、黑、绿、白等彩绘痕迹。

廊　宽 1.9 米，东、西廊长 13 米，北廊长 21.6 米。廊墙宽 1、残高 0.2 ～ 0.8 米。仅南廊铺砖；东西廊及后廊未铺砖，地面是把原生红砂岩凿平而成。

东西佛坛　东侧佛坛位于梢间最东侧紧挨山墙及坎墙处，长方形，长 3.9、宽 0.8、高 0.5 米，以土坯夹杂少量砖垒砌，表面抹厚 0.01 米的草拌泥作泥皮。西侧佛坛与东侧佛坛基本相同，仅在佛坛上等距设立柱 3 根，间距 1 米，立柱直径 0.12、残高 0.4 ～ 0.54 米，其作用应是固定泥塑造像。

北墙佛坛　紧挨北墙按开间垒砌佛坛 5 个，外侧以砖、内部以土坯垒砌，表面抹厚 0.01 米的草拌泥作墙皮。佛坛之间各不相连，间距 0.35 ～ 0.45 米，中间设有一柱础。佛坛均经过二次改造利用，原与东西佛坛一样，第二次改造利用是在原佛坛未动的情况下，用长方形砖加高成束腰须弥座式，同时把原佛坛用土坯与后墙连接成一整体。

地面　室内地面用方砖和长方形砖铺地。地面低于南墙基 0.05 米，低于山墙基 0.1 米。明间地面用长方形砖作边框，中心用方砖组合成菱形图案。东西次间、梢间用长方形砖和方砖交替横向铺就，铺地砖下为原生红砂岩层。

在 1 号建筑的正南建有院落，长方形，东西长 10.5、南北宽 7 米，墙厚 0.5、残高 0.24 米。内砖外石混合垒筑，南墙中部开门，门宽 2.7 米。

其他部分残损严重。

　　1号建筑堆积中出土了较多建筑构件，以砖、瓦、木、石等为主，包含信息丰富，是解读此建筑的关键，亦展示了建筑的总体风貌。其中，砖均为人工手制，有方形和长方形两种，多为青灰色，火候高，质地坚硬；另有一种长方形花边砖，细砂质，火候一般，颜色泛红，个别粉化酥碱严重；还见有印痕砖和刻划砖等。瓦以筒瓦、板瓦为主，还有滴水、瓦当，见有一些以筒瓦为基础形状而做成的莲花瓦、"丁"字形瓦、脊兽瓦及少量刻划瓦，多为青灰色，质地坚硬，火候高。砖雕从纹饰上看，主要有龙纹、飞天、莲花纹、塔形等几种。鸱吻均残破不完整，以龙形为主，模制，有方形衬板，

龙身弯曲而粗壮，质地坚硬如砖，个别酥碱严重。脊兽多见狮子，模制，浅灰胎，圆弧顶卷发，宽额凸出，圆眼高鼻，仰头张口朝天蹲坐于脊瓦上。北廊西部发现一根长3.2、直径0.15米的木柱，另见残断的圆木、方木条等，西廊有涂绿彩的方木条，此外还发现了龙纹木雕。值得一提的是，除脊兽狮子外，在廊内还出土一件狮头构件，造型独特，精巧玲珑，浅灰胎，胎质坚硬，火候较高，披卷毛，凸额隆鼻，仰头张口，露齿朝天。

　　1号建筑出土器物包括瓷器、陶模具、金属器及彩绘泥塑造像等。瓷器以黑釉碗、罐为主，均为圈足，另见景德镇青花花卉纹、龙纹碗各1件，另有少量灵武窑酱釉碗残片。陶模具为方形

1号、2号建筑航拍（上为北）
Aerial Photograph of Building Foundations No. 1 and No. 2 (Top is North)

1号建筑航拍（上为北）
Aerial Photograph of Building Foundation No. 1 (Top is North)

1号建筑（西一东）
Building Foundation No. 1 (W-E)

1号建筑北墙佛坛（南一北）
Buddhist Altar Next to the North Wall of Building
Foundation No. 1 (S-N)

1号建筑砖地面
Brick Floor of Building Foundation No. 1

塔纹砖模1件及制作泥塑佛像的头髻模、佛珠模各1件，其中方形塔纹砖模制作规整，圆形开光内是菩提塔，塔顶头有日月状图案，周围有如意云头线形背光。彩绘泥塑造像主要出土于东西佛坛周围，包括小型彩绘泥塑头像28尊、身体碎块等987块。头像以上师、佛、菩萨等造像为主，原塑像均有彩，大多面部抹白涂金，损毁严重。

2号建筑位于1号建筑东侧，二者相距2米，方向165°。长方形，仅存基础，将地面凿平用长方形红砂岩配长方形砖垒筑，东西长7.6、南北宽4.75、残高0.4米。门在东南角，宽1.1米。墙基厚0.5米。在东北角有烧火留下的痕迹及黑烟灰，旁有用长方形砖垒砌的火炕，炕长1.95、宽1.1、残高0.06米，内有较多黑灰土，烟道损毁，应为禅房。

2号建筑西侧堆积中出土景教青铜牌饰2件及陶狮面纹瓦当模具、铁锁各1件。在建筑中部地面上残存零星矿物颜料，主要有绿、蓝、黄及少量红色，以绿、蓝两色为多。

经过考古发掘，从建筑特征及出土器物分析，两座建筑应建于元代，弃于明代，至清代仍有人类活动。

阿尔寨石窟寺山顶1号、2号建筑是内蒙古地区元代保存有完整地基及墙体的回廊式砖木结构宗教建筑基址，规模宏大，构件精美，建造技艺高超，体现出官式建筑的特点，亦是内蒙古西部地区元代宗教建筑的典范。

（供稿：武成　李强　武沛然）

180

1 号建筑出土龙纹砖雕
Brick Carvings with Dragon Pattern Unearthed from Building Foundation No. 1

1 号建筑出土塔形图案砖
Brick with Tower-shaped Pattern Unearthed from Building Foundation No. 1

1 号建筑出土莲花纹脊砖
Roof Ridge Brick with Lotus Pattern Unearthed from Building Foundation No. 1

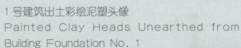

1 号建筑出土彩绘泥塑头像
Painted Clay Heads Unearthed from Building Foundation No. 1

1 号建筑出土狮头构件
Component in the Shape of Lion Head Unearthed from Building Foundation No. 1

1 号建筑出土青花碗
Blue and White Bowl Unearthed from Building Foundation No. 1

1 号建筑出土方形塔纹砖模
Square Brick Mold to Make Tower-shaped Pattern Unearthed from Building Foundation No. 1

2 号建筑出土景教铜牌饰
Bronze Nestorian Plaques Unearthed from Building Foundation No. 2

The Arjai Grottos is 30 km southwest of Gongqiriga Sumu in Otog Banner, Ordos City, Inner Mongolia. It is the largest Buddhist architectural complex consisting of temples, grottoes, and rock carvings found in Inner Mongolia. From June to October 2022, the Inner Mongolia Institute of Cultural Relics and Archaeology excavated building foundations No. 1 and No. 2 on the mountaintop of the grottos, with an excavation area of 760 sq m. The building foundation No. 1 belonged to a temple with a surrounding corridor and three-rowed five-bay houses; facing south and constructed with bricks and wood, about 354 sq m. Archaeologists also found a rectangular courtyard in the south and Buddhist altars inside the building, as well as many architectural components, porcelain, and painted clay Buddha statues. The building foundation No. 2 is rectangular and only remains the base part. These two building foundations are models of religious architecture of the Yuan Dynasty in western Inner Mongolia, embodying great academic values.

山东元代
济南王张荣家族墓地

FAMILY CEMETERY OF ZHANG RONG, KING OF JINAN, OF THE YUAN DYNASTY IN SHANDONG

2021 年 10 月至 2022 年 9 月，济南市考古研究院对位于山东省济南市历城区章灵丘村北部的章灵丘北墓地进行了考古发掘，发现并清理墓葬 102 座，形制包括砖室墓、石室墓、土洞墓、土坑墓、砖椁墓等，时代为两汉、宋金、元、明、清等时期，出土器物 700 余件（组），主要为瓷碗、盘、碟、瓶、罐、匜及陶俑、铜钱、铜镜等。

本次发掘尤以元代济南王张荣家族墓地的发现最为重要，初步判断相关墓葬 32 座，包括砖雕墓 5 座、石室墓 9 座、土洞墓 18 座。墓葬排列有序，自北向南成排分布，墓向均约为 190°，深 5～7.5 米，出土碗、盘、瓶、香炉等各类瓷器及陶俑 500 余件（组），其中官窑瓷器和青花瓷共 40 余件。另外，还发现石碑 4 件、龙纹碑首 2 件、赑屃碑座 1 件、石翁仲 4 件、石羊 3 件及其他与陵园神道相关的 100 余件石刻文物，其中包括张荣神道碑、张荣家谱碑等，石刻文字近 4000 字，记载了张荣的生平事迹和张荣及其子孙共六代的谱系官职情况。

墓地北端中部的砖雕壁画墓 M83（张荣墓）规模最为宏大、结构复杂，由墓道、前门楼、前室、后门楼、中室、后室及 5 个侧室组成，全长 34.2（墓道长约 15.7）、最宽 15.1、深 6.3 米。墓道平面近长梯形，两壁略斜，底为台阶加斜坡式。前门楼为仿木结构，中上部两侧有弧形翼墙、下部辟有券顶门洞，门洞之上现存三层仿木结构，下层主要为四朵斗拱，中层为六扇连球纹格扇门，再上残存部分斗拱底部。彩绘主要为缠枝花卉。前室平面呈八边形，直壁，穹隆顶，北、东、西三面各有过道与中室及两侧室相连，内壁无砖雕，彩绘主要有莲花藻井、祥云仙鹤、斗拱立柱、侍女图及各类花卉等。后门楼位于前、中室过道之上，西侧有弧形翼墙，下部券顶门洞被青砖封堵。门洞之上为三层仿木结构，下砌四朵斗拱，中为八扇隔扇门，上砌四朵斗

M83（张荣墓）全景（上为北）
Full View of Tomb M83 (Top is North)

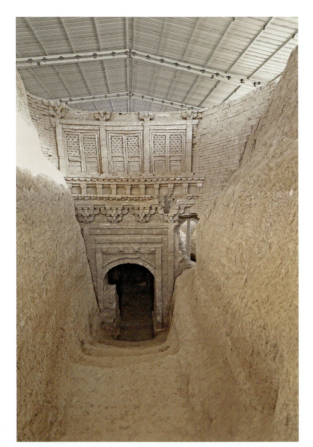

M83（张荣墓）前门楼（南—北）
Front Gate Tower of Tomb M83 (S-N)

M83（张荣墓）后门楼（西南—东北）
Back Gate Tower of Tomb M83 (SW-NE)

M83（张荣墓）中室（南—北）
Middle Chamber of Tomb M83 (S-N)

M83（张荣墓）中室顶部
Top of the Middle Chamber of Tomb M83

M83（张荣墓）后室（南—北）
Rear Chamber of Tomb M83 (S-N)

拱，中间两朵斗拱中部设一墨书"永安堂"的斗形匾；彩绘主要为缠枝花卉。中室平面近圆形，穹隆顶，内壁砖雕仅四朵斗拱及一连枝灯，彩绘主要有牡丹藻井、花鸟图、缠枝牡丹、出行图等。后室平面近圆形，穹隆顶，内设棺床，内壁砖雕仅六朵斗拱及一灯檠，彩绘有莲花藻井、祥云仙鹤、花鸟图、盆栽花卉、婴戏图、开芳宴图、备宴图、晾衣图等。

五侧室分别位于前室东、西两侧及后室北、东、西三侧，平面均近圆形。前室两侧室为穹隆顶，底部各砌一砖台，内壁仅施白灰，无砖雕壁画；后室三侧室仅建造直壁部分，未与后室连通，内壁各设一灯檠。甬道及各室之间的过道均为直壁券顶，其中后室南部过道东西两壁各绘一执戟武士。因盗扰严重，墓内未见葬具，仅存少量人骨。墓内出土随葬器物 200 余件，以陶俑为主，另有少量碗、瓶等瓷器。

其余砖雕墓均为单室，形制较简单。其中，M79 位于 M83 西南，全长 19.8、墓圹直径 6.8 米，仿木结构双层砖雕墓门门楼宏大精美，中上部斗形匾双线墨书"静安堂"。

石室墓由墓道、墓门、甬道及墓室组成，部分无甬道。墓道平面近长方形或梯形，直壁，底为斜坡状或南附台阶，其中 M50 墓道西壁近墓门处有一壁龛。墓门呈拱形，多由石板简单封门，其中 M77、M81 墓门由门楣、门框、门扉及封门石板组成，门扉上刻有门钉，M81 墓门两侧有石砌"八"字墙。甬道多为石砌，直壁，券顶，仅 M60 甬道为生土掏洞形成。除 M74 外，墓室上部均为穹隆顶，用单面刻凿为弧状的石块叠涩起顶，顶部为莲花藻井；下部为圆形或方形，以石板或青砖铺地。因盗扰严重，葬具仅存少量棺木或仅存部分棺钉。大部分墓葬人骨凌乱，保存差，葬式不详。随葬器物有瓷碗、盘、瓶、匜、罐及铜镜、镇墓石等。M74 平面近"甲"字形，由台阶墓道、墓门、前室、中室、后室组成，石板铺地。墓门为拱形石门，石板封门。前室底部近方形，叠涩顶；中室及后室墓顶合为两面坡形制，底部平面呈长方形；后室由石柱分为四室。人骨仅存两头骨及少量肢骨。随葬器物有瓷碟、瓷瓶、陶俑等，另有一石碑及碑盖，石碑上刻"宣授济南路诸军奥鲁总管张公灵柩"。

土洞墓平面近"甲"字形，由墓道、墓门、墓室组成。墓道平面近长梯形，直壁，平底或底部略有斜坡，部分设有台阶。其中，M49 墓道东壁下部近墓门处设一壁龛，以青砖封堵，内有一棺，木质已朽，棺内有两具幼儿人骨，无随葬器物。墓门拱形，由不规则石块或石板封门，部分以青砖封堵。墓室平面有梯形、圆角方形、椭圆形三种，顶部均已坍塌，部分以石板或青砖铺地。单人葬或多人合葬，部分有木棺。随葬器物有瓷碗、盘、缸、瓶、杯、匜、罐及铜簪、铜镜、镇墓石等。

根据墓葬形制、规模、出土器物、石刻、碑文等，结合相关文献记载，可以确认此墓地元代时为济南王张荣家族墓地，贯穿整个元代。其中，M83 为张荣墓，M82、M68、M81、M79、M77、M74 应为其第一至第六子之墓，墓地至少包含至其玄孙的墓葬。

张荣为汉人世侯，被追封济南王，《元史》《新元史》有传。其有七子、四十孙，子孙亦多居官位，部分官职较高，个别被追封为济南郡公、齐郡公、齐郡侯等高级爵位。

张荣家族墓地是山东迄今发现的级别最高、陵园附属物最多、一次性出土文字资料最丰富的元代墓地。此墓地的发掘具有极其重要的意义。

第一，张荣墓（M83）是目前我国发现的规模最大、结构最复杂、壁画内容最丰富的元代墓葬，前后双门楼、八墓室的结构为国内元代墓葬的首次发现。其后门楼和 M79 门楼设置墨书"堂号"斗形匾的形式亦极为罕见。

第二，本次发掘发现了一些重要遗迹现象。如 M49、M50 在墓道中设置壁龛，特别是 M49 壁龛内埋葬人骨的现象在山东元墓中首次发现，全国亦为罕见。此外在 M83 东南部发现了明堂遗迹。

第三，出土的石翁仲、石羊、石望柱、神道碑、家谱碑等陵园构件为研究元代陵园制度提供了重要资料，碑刻铭文可与《元史》等文献相互勘证、补史之阙，为研究元代汉人任用制度、职官制度等提供了新材料。

M83（张荣墓）前室墓壁下部侍女图
Image of Maids on the Lower Part of the Front Chamber Wall of Tomb M83

M83（张荣墓）后室北壁启门图
Image of "Opening Gate" on the North Wall of the Rear Chamber of Tomb M83

M83（张荣墓）东南"明堂"遗迹
The Remains of Mingtang ("Bright Hall") on the Southeast of Tomb M83

M62墓底（上为西）
Bottom of Tomb M62 (Top is West)

M71墓底（上为北）
Bottom of Tomb M71 (Top is North)

M79门楼（南—北）
Gate Tower of Tomb M79 (S-N)

第四，墓地明显经过规划，对研究元代汉人尤其是王侯家族的墓地选择及布局、墓葬形制选择、随葬器物、墓上设施等墓葬制度具有重要意义，也为研究以张荣为代表的汉人世侯家族的兴衰演变提供了重要材料。

第五，丰富的壁画内容和陶俑等随葬器物生动展示了元代的民族融合情景，为统一的中华民族形成的研究提供了重要资料。

第六，出土瓷器种类繁多，含钧窑、龙泉窑、磁州窑、景德镇窑等多个窑系，对南宋和元代瓷器研究具有重要意义，也为研究元代丧葬用瓷和贸易交流提供了新材料，而元青花亦为济南地区首次发掘出土。

（供稿：刘秀玲　郭俊峰　房振）

185

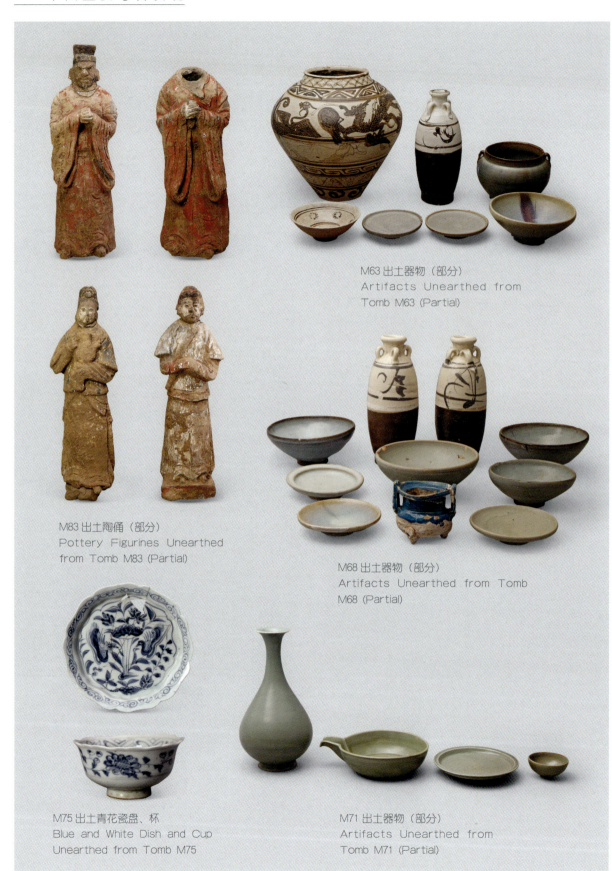

M63 出土器物（部分）
Artifacts Unearthed from
Tomb M63 (Partial)

M83 出土陶俑（部分）
Pottery Figurines Unearthed
from Tomb M83 (Partial)

M68 出土器物（部分）
Artifacts Unearthed from Tomb
M68 (Partial)

M75 出土青花瓷盘、杯
Blue and White Dish and Cup
Unearthed from Tomb M75

M71 出土器物（部分）
Artifacts Unearthed from
Tomb M71 (Partial)

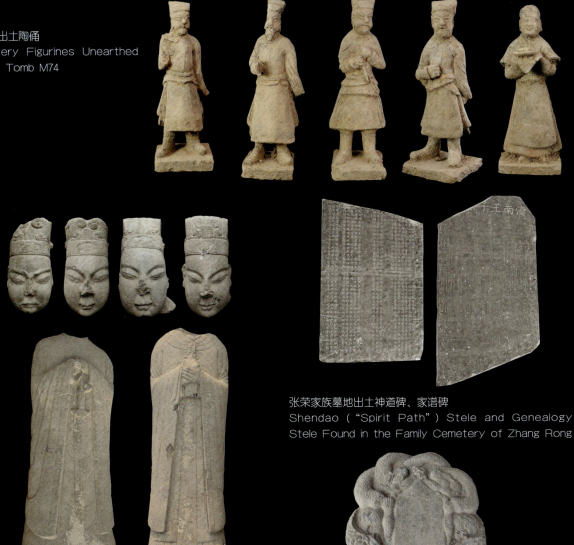

M74 出土陶俑
Pottery Figurines Unearthed
from Tomb M74

张荣家族墓地出土神道碑、家谱碑
Shendao ("Spirit Path") Stele and Genealogy
Stele Found in the Family Cemetery of Zhang Rong

张荣家族墓地出土石像生（部分）
Stone Statues Found in the Family
Cemetery of Zhang Rong (Partial)

张荣家族墓地出土《大元故济南公张氏神道碑铭》碑首
Inscriptions on the Top of Stele Found in the
Family Cemetery of Zhang Rong

The Family Cemetery of Zhang Rong of the Yuan Dynasty is located in Licheng District, Jinan City, Shandong Province. From October 2021 to September 2022, the Jinan Municipal Institute of Archeology excavated 32 tombs in the cemetery. Tombs in structures of carved bricks, stone chamber, and earthen cave, well-arranged and all south-facing. More than 500 pieces (sets) of pottery, porcelain, and pottery figurines were unearthed, as well as over 100 stone-carved artifacts such as stone steles, stone figures (wengzhong), stone sheep, and nearly 4,000 words of carved inscriptions. The tomb of Zhang Rong (M83) is the Yuan tomb found so far in China with the largest size, most complex structure, and richest mural paintings. As a tomb of the Yuan Dynasty, it consists of two gate towers and eight tomb chambers, which had never been discovered in China before. The family cemetery of Zhangrong of the Yuan Dynasty possesses the highest level, most annexes, and most abundant textual materials excavated in Shandong, providing critical data to study the funeral system and evolution of the Han people, especially the noble families in the Yuan Dynasty.

江西景德镇御窑厂遗址
2021 年发掘收获

EXCAVATION RESULTS OF THE IMPERIAL PORCELAIN FACTORY SITE IN JINGDEZHEN, JIANGXI IN 2021

御窑厂遗址位于江西省景德镇市老城区中心，西距昌江约 300 米，地处珠山大道以北、斗富弄以南，东与中华北路相连，西为东司岭、毕家弄。御窑厂是明清两代皇家御用瓷器的烧造地。厂区整体坐北朝南，平面分布近南宽北窄的梯形，周长约 1145 米，总面积约 5.4 万平方米。

为了探明御窑厂北段西围墙的走向，解决御窑厂遗址的西界问题，2021 年 5 ~ 12 月，江西省文物考古研究院、景德镇市陶瓷考古研究所联合故宫博物院、北京大学等单位，对现御窑厂国家考古遗址公园西北角外、2020 年已勘探发现一小段疑似御窑厂北段西围墙遗迹的区域进行了发掘。本次发掘，根据西围墙走向与周边环境，共布 10 米 × 10 米探方 6 个，但受周边建筑占压影响，实际发掘面积 442 平方米。

发掘区的地层堆积较厚，普遍厚逾 2 米，最深处距地表 6.25 米。

以南北走向的御窑厂西围墙为界，由于后代在明清御窑厂西围墙基础上修建有珠山的护坡墙，因此其东侧御窑厂内的堆积较西侧御窑厂外的堆积要厚很多，在西围墙内外形成了约 2.5 米的高差。墙内外的地层堆积情况亦相差较大。

西围墙以东的御窑厂内，仅发掘了长 17、宽 1 米的探沟 1 条。从探沟东壁剖面来看，此处

2021发掘区

2017年发掘区

龙珠阁

东围墙遗址

御窑博物馆

地层堆积可分5层。第①层是民国以后的近现代地层；第②a层为黄土层，厚约1.8米，应为西围墙建成后，御窑厂为修建龙珠阁而堆垒珠山时形成的堆积；第②b层为灰土层，厚约0.2米，包含瓷片较多，应为明永乐年间西围墙建成后形成的工作或生活堆积；第③层为纯净黄土层，厚0.05米，土质纯净、板结，且地面平整、光滑，因西围墙最底层与此层平齐，故此层应为西围墙建成时的地面；第④层为灰土层，厚约0.25米，包含物较少，瓷片以灰青釉饼足碗、盘较常见，有少量发色灰暗的元青花与发色偏黑的洪武釉里红瓷片，应为元末明初地层；第⑤层为黄褐色土层，厚逾0.4米（未发掘到底），包含物有陶水管、灰青釉瓷、卵白釉瓷及青白瓷，应为元代堆积层。

西围墙以西御窑厂外的地层堆积亦较厚，平均发掘深度约2米。厂内外地层堆积最大的区别是，厂外几乎不见洪武至宣德朝的明代早期堆积，在元代堆积之上的明代堆积，年代最早的也不过是明代天顺年间，堆积较厚的是明代中晚期至清代中期堆积，清代晚期至民国早期的制瓷作坊与烧造窑炉遗迹较多，民国晚期以后只见房屋与道路遗迹。另外，在元代堆积层之下，发掘区的南北两端都发现了较厚的南宋青白瓷窑业垃圾层。

西围墙外的地层堆积，以元代堆积为界，明显可分为上、下两个时期。上层的明清时期堆积厚0～3米，地层关系非常复杂，如在T4的北壁，由于不同时期的层层遗迹相互叠压、打破，基本

发掘区探方分布情况
Distribution of Excavation Units in the Excavation Area

看不到单纯的地层堆积。下层的宋元时期堆积厚0.2～3米。整个发掘区仅T2清理至生土层，是西围墙以西、御窑厂外发掘深度最深的一个探方，从地面至生土厚达6.25米，其中最下层的南宋青白瓷窑业堆积厚达3.15米。

2021年的发掘工作揭露遗迹不仅数量繁多，且种类丰富，涵盖了从制瓷到烧成全过程的各类作坊与窑炉遗迹，还有围墙、道路与民房、窑房等建筑遗迹。据初步统计，包括围墙（Q）4条、房基（F）8座、窑炉（Y）11座、辘轳坑（LLK）23个、釉缸（Ga）4个、灰坑（H）10个、池（C）10个、路（L）7条，共77个遗迹单位。

御窑厂内的遗迹以北段西围墙（Q1）最为重要，位于T1～T4东部，自南向北纵贯整个发掘区，长25、宽1.3、高0.8～2.5米，由外、中、内

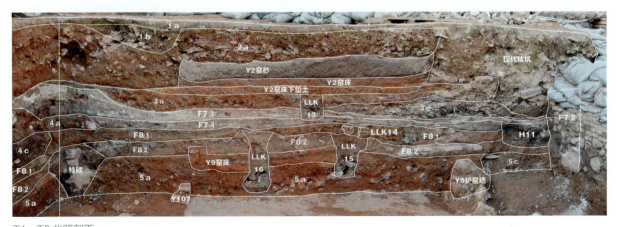

T4、T6北壁剖面
Profile of the North Wall of Excavation Units T4 and T6

清代堆积（4层）

明代堆积（5-8层）

元代堆积（12-13层）

宋代堆积（14-25层）

T2 南壁剖面
Profile of the South Wall of Excavation Unit T2

发掘区遗迹分布全景
Full View of the Distribution of Remains in the Excavation Area

外墙　　中墙　　内墙

Q1 解剖情况
Dissection of Wall Q1

三道并列的墙体组成，内道为主墙，中道和外道为护墙。北段西围墙为平地分段修砌，材料以废弃匣钵为主兼以板瓦填充其中。墙体间隔约10米分砌方形垛1个，起加固作用。通过对北段西围墙内外地层堆积及墙体的解剖，显示其起建于元末明初地层，并在其上进行过地面平整，地面上分布有永乐后期的白釉与釉里红瓷片堆，墙体内的出土器物有明初永乐时期的官窑瓷片及建筑构件，据此推断北段西围墙的始建年代为明代永乐后期。本次发掘，不但确定了明代御器厂北段西围墙的位置、走向与建筑形态，同时确定了御窑厂围墙的建造年代及其后世的演变情况。

御窑厂北段西围墙的外围是民窑区，揭露的遗迹基本涵盖了窑业生产活动的主要环节，包括窑炉、墙、巷道及各类作坊等。最引人注目的是，在本次面积有限的发掘区内共揭露马蹄形、葫芦形、蛋形三种形制的窑炉遗迹11座。其中，明代中早期马蹄窑3座（Y9～Y11），保存均不甚完整；明代晚期葫芦窑2座（Y4、Y6），均较好地保留了窑前工作面、窑门、火膛、窑床、护窑墙、窑棚（柱础）等，其年代、形制特征与明宋应星绘录的《天工开物》基本相同；清代蛋形窑6座（Y1～Y3、Y5、Y7、Y8），Y1、Y7揭露较为完整且与Q1存在叠压、打破关系，是清代官、民窑在时空互动上最好的例证。

如此众多的明清窑炉遗迹密集分布，并存在复杂的叠压与打破关系，时代明确，在全国古代窑址考古发掘中首见，这为探究景德镇明清民窑烧造技术的演变提供了重要资料。

根据发掘阶段所见，出土器物以御窑厂西围墙为分界线，厂内与厂外出土器物存在明显不同。厂内出土官窑瓷器，品种有釉里红、红釉、黄釉、红绿彩、白釉、青釉等，其中1组9件永乐时期的釉里红双龙、三鱼、三果纹高足杯，在以往考古发掘中少见。厂外则出土民窑瓷器，以青花、青瓷、青白瓷为大宗，完全不见釉里红、红釉、黄釉等官窑瓷器，瓷器数量逾3万件（片），时代主要为宋元明清时期，品种有青白釉、卵白釉、青釉、蓝釉、酱釉、青花等，以明清青花瓷为主，其次是宋代青白瓷。本次发掘出土的一批不见刊布的官窑、"官搭民烧"、藩府订烧及民窑纪年款瓷器，为相关器物的断代提供了可靠依据。

（供稿：肖发标　韦有明　赵瑾）

Y10
Kiln Y10

Y4、Y6
Kilns Y4 and Y6

Y1
Kiln Y1

明永乐釉里红双龙纹高足杯
Underglaze Red Stem Cup with Double-dragon Design of the Yongle Era, Ming Dynasty

明代官窑瓷器残片
Porcelain Sherds from Official Kilns in Ming Dynasty

潘府订烧青花瓷器
Blue and White Wares Customized by Feudal Prince

The Imperial Porcelain Factory Site is located in the center of the old city of Jingdezhen City, Jiangxi Province, which produced imperial wares during the Ming and Qing Dynasties. From May to December 2021, the Jiangxi Provincial Institute of Cultural Relics and Archeology and others excavated the area outside the northwest corner of the National Archaeological Site Park of the Imperial Porcelain Factory. Within a 442 sq m area, archaeologists discovered 77 remains of kilns and workshops, along with considerable glazed porcelain specimens belonging to the Song, Yuan, Ming, and Qing Dynasties. The excavation confirmed the extent and boundary of the Imperial Porcelain Factory's northwest corner and its year of construction in the Ming Dynasty, as well as the reason that Zhushan was chosen as the factory's location. In addition, the work uncovered 11 kilns in the shapes of horseshoe, gourd, and egg, and it also unearthed some unknown official wares, wares produced by official-folk cooperation ("Guanda Minshao"), wares customized by the prince's mansion, and date-recorded folk wares, providing reliable dating reference for related artifacts.

上海长江口
二号沉船遗址水下考古收获

RESULTS OF UNDERWATER ARCHAEOLOGY OF THE YANGTZE RIVER ESTUARY NO. 2 SHIPWRECK IN SHANGHAI

长江口二号沉船遗址位于上海市崇明区横沙岛东北部横沙浅滩水下8～10米处（大潮时为6.4～10.6米），2015年在开展长江口一号沉船水下考古调查时发现。遗址地处长江入海口，位于长江口北港下段主槽、口门内侧拦门沙核心位置，南邻横沙东滩，距横沙东滩圈围工程（横沙三期、六期、七期和八期）填造陆地的新圈围大堤约3公里，与横沙通道冰库码头水上距离约33.5公里。该水域位于咸淡水交界处，海水盐度较低；因其地处河流入海口，水中含沙量大，水下能见度极差。

2016～2021年，在上海市文物局指导下，国家文物局考古研究中心（原国家文物局水下文化遗产保护中心）、上海市文物保护研究中心合作，会同国家水下文化遗产保护宁波基地、交通运输部上海打捞局、上海大学等机构，先后6次对该沉船遗址进行调查，取得了重要发现。经初步研究判断，长江口二号沉船应为清代晚期同治时期的商船，也是目前国内水下考古发现的体量最大、保存较完整的古代木船，是中国水下考古的又一次重大发现，具有重要的学术价值。同时，

由于该海域海况环境恶劣，水下零能见度，水下考古作业困难，沉船又面临自然、人为因素的双重破坏威胁，经研究论证，确定采用"弧形梁非接触文物整体迁移技术"对其实施整体提取迁移，并为其建设专门博物馆（上海船厂旧址船坞）。2022年3月，长江口二号沉船考古与文物保护项目正式启动，6月开始现场作业。在沉船整体提取迁移期间，首先对沉船沉箱周边散落遗存进行水下考古清理，提取周边散落遗物，现场保护出水文物，并做好遗址考古清理记录。随后，9～11月，在交通运输部上海打捞局实施沉船弧形梁穿梁和提取迁移期间，水下考古队同步开展沉船遗址的相关考古资料记录和现场文物保护工作。11月21日凌晨，由22根巨型弧形梁组成的长48、宽19、高9米的重约8800吨的沉箱装载着长江口二号沉船，由"奋力轮"整体抬浮出水；11月25日，沉船经黄浦江顺利迁移进入上海船厂旧址1号船坞，以便进行后期的发掘保护与展示利用。这项水下考古工作的成功实施，为世界水下考古和水下文化遗产保护提供了中国案例、

考古发掘现场
Archaeological Excavation in Situ

中国模式、中国经验。

根据水下考古调查工作可知，长江口二号沉船呈南北向，船艏向南偏西，艏向为193.5°，船体水下右倾约33°，整体隆起于海床面，除桅杆外，高出海床1～2米。由于水下能见度为零，艏、艉等部位又多埋藏于泥沙之下，沉船尺度和结构主要依靠多波束、三维声呐等海洋物探设备获知。从目前测量数据来看，沉船整体窄长，长约38.1、宽约7.8、型深约3.65米。船体下部结构整体保存较好，舷板、肋骨、隔舱板结构清晰，隔舱宽约1米，上、下板之间以长铁钉钉合，已调查发现不少于31个舱室。船体中部的主桅杆与船体仍连接完好，尚存高逾4米，船体外侧还发

遗址侧扫声呐图像（上为北，2021 年）
Side-scan Sonar Image of the Site (Top is North, 2021)

现了一根长9.3米的残断桅杆，十分珍贵。沉船北侧出水有单齿铁锚、四爪铁锚各1件，其中四爪锚杆长3.1、直径0.08～0.13米，四齿长1.1米，杆顶端有圆环，以系锚绳。2022年在沉船北端还发现一件保存较好的船舵，由舵杆、舵柄以榫卯结构连接而成，并以铁箍加固，舵杆为圆木，长5.6、直径0.42米，外侧以排列密集的铁箍加固，下连舵叶（未提取）；舵柄由3根方木组成，外侧以铁箍加固，中部舵柄长6.28米，两侧夹杆分别长3.78、2.28米，据此判断沉船北部为船艉，此类船舵在以往考古工作中未有发现。沉船中部西侧还发现有一些粗细不同的棕缆绳，2022年提取出水21根，最长者长61.7、直径0.08米。此外，沉船及其附近还发现有散落的铁钉、铁箍、铁条、木滑轮、木构件等船用属具。

根据水下考古工作可知，在沉船艏部、中部和艉部的不同部位船舱内发现有大量陶瓷器，瓷器成排成摞分布，码放整齐，并有木桶等遗物痕迹，应为该船载运的船货。目前，已采集出水的陶瓷器近600件，以景德镇窑瓷器为主，品种有青花、青釉、青釉青花、钧釉、绿釉和粉彩等，还有德化窑青花瓷、宜兴紫砂器等，是清代晚期的瓷器精品。其中，以青花瓷数量最多，器类有碗、盏、盘、碟、杯、盒、盖盅、盖罐、小罐、双耳瓶等，纹样有缠枝花卉纹、山水纹、人物纹、

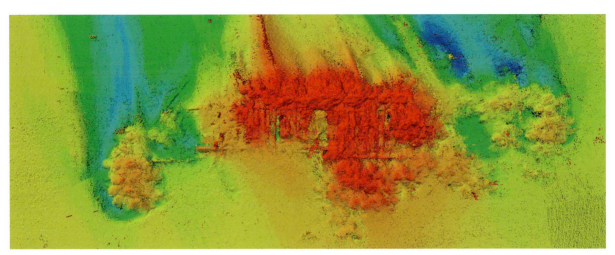

遗址多波束渲染图（上为东，2021 年）
Multi-beam Sonar Image of the Site (Top is East, 2021)

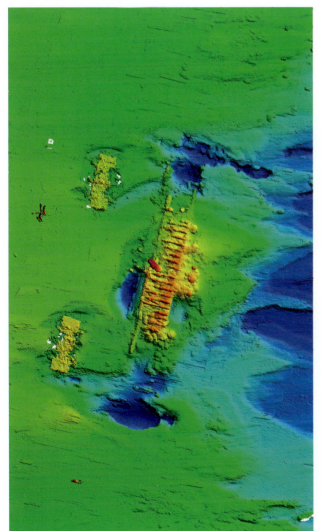

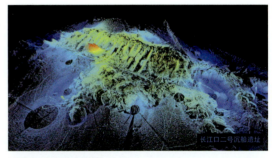

遗址三维声呐全景图
3D Sonar Panorama of the Site

遗址南侧三维声呐局部图
3D Sonar Image of the South Side of the Site

遗址多波束渲染图（上为北，2022 年）
Multi-beam Sonar Image of the Site (Top is North, 2022)

遗址中部桅杆与隔舱板细部三维声呐图
3D Sonar Image of the Details of Mast and Bulkheads in the Central Part of the Site

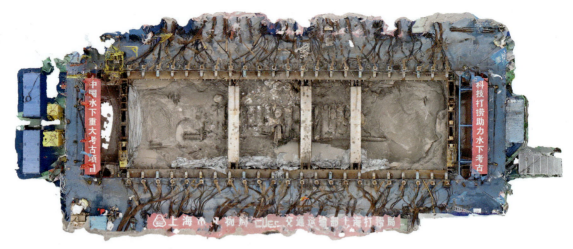

沉船出水后正射影像
Orthophotograph of the Shipwreck Hoisted from Water

沉船出水后三维影像
3D Image of the Shipwreck Hoisted from Water

青花瓷器出水情况
Blue and White Porcelain

"寿"字纹、"囍"字纹等；青釉青花人物纹双耳瓶，高达60厘米，器形规整，制作精美，纹样生动；粉彩瓷有盏、碟、杯等，纹样包括花卉纹、竹纹、诗文、二甲传胪纹等，部分口沿涂金，外底有矾红款押；绿釉杯的口沿涂金，外底有矾红"同治年制"篆书方款，为沉船年代提供了重要依据，传世品中亦颇少见。此外，在沉船中部外侧附近还出水有铁质钻头、钻杆和一些装于麻袋内的矿物类建筑材料等。

长江口二号沉船是新时代我国水下考古的一项重要收获，不仅是长江口水域水下考古发现的第一艘木质沉船，也是目前国内水下考古发现的规模最大、保存较完整、船货丰富的木帆船，对中国古代造船史、航运贸易史的研究具有重要意义。经研究，沉船年代为清代晚期同治年间，结合古代船舶的长宽比例特征，初步推断长江口二号的船型应为沙船，这是清代晚期往来上海港的典型船型，是我国此类船型的首次发现，也是上海沙船的重大发现。

长江口二号沉船发现的船上生活物品和批量的陶瓷类船货遗存，具有明确的同时性、共存性特征，不仅包含了大量清代晚期商船航行与船上生活的历史信息，是当时船舶社会的实物反映，而且改写了以往学术界对晚清陶瓷史和贸易史的认识，亦是近代经济贸易史和航运交通史研究的重要资料。

上海因地处长江口而具有极为重要的地缘优势，不仅连通长江内河运输大动脉，有着广袤的腹地经济支撑，也是南北海上贸易航线的重要中转港。长江口二号沉船是长江黄金水道航运史和近代海上丝绸之路新发展的实物资料，更是近代上海作为东亚乃至世界贸易网络重要节点的历史见证，对于国家海洋战略、长江经济带建设和"一带一路"文化建设均有着非常重要的社会价值。

（供稿：孟原召　翟杨　赵荦　甘才超）

青釉青花人物纹双耳瓶
Green-glazed Blue and White Vase with Two Handles and Figure Pattern

青花带盖罐
Blue and White Jars with Lid

青花团龙纹杯
Blue and White Cup with Dragon Medallion Design

绿釉杯底款
The Mark on the Bottom of the Green-glazed Cup

粉彩二甲传胪纹杯
Famille Rose Cup with the Motif of Two Crabs and Reeds ("Er Jia Chuan Lu")

粉彩花卉纹杯
Famille Rose Cups with Floral Design

青花盘
Blue and White Plate

粉彩竹纹诗文杯
Famille Rose Cups with Bamboo Pattern and Poems

The Yangtze River Estuary No. 2 Shipwreck Site is situated 8-10 m underwater in Hengsha Shoal, northeast of Hengsha Island, Chongming District, Shanghai. From 2016 to 2021, the Archaeological Research Center of the National Cultural Heritage Administration and others conducted underwater archaeological explorations on the site six times, ascertaining the nature, age, structure, and depositional situation of the shipwreck. In June 2022, the on-site operation of the shipwreck relocation was officially launched, applying a "curved beam non-contact overall relocation technology of cultural relics" to hoist the entire shipwreck out of the water. The underwater archaeological work suggests that the shipwreck is upheaved on the seabed nearly in the north-south direction, with a heading of 193.5°, and the hull is inclined to the right by about 33°. The shipwreck is narrow and long, with a well-preserved hull structure. The discovered artifacts include ship accessories and abundant cargos of ceramics neatly stacked in the cabin. Based on research results, the Yangtze River Estuary No. 2 Shipwreck is a merchant ship of the Tongzhi Era in the late Qing Dynasty. It is the largest, well-preserved ancient wooden sailing ship with rich cultural relics found underwater in China, embodying significant academic value.